AF267023

# L'ALGÉRIE.

## SON IMPORTANCE, SA COLONISATION, SON AVENIR.

PAR

### T. FORTIN D'IVRY,

Membre de la Société orientale de Paris
et de l'Académie royale archéologique d'Espagne.

PARIS.

RIGNOUX, IMPRIMEUR DE LA SOCIÉTÉ ORIENTALE,
rue Monsieur-le-Prince, 29 bis.

1845

# A M. DAUMAS,

LIEUTENANT-COLONEL DES SPAHIS D'ALGER,
CHEF DES BUREAUX ARABES.

*Humble hommage.*

T. FORTIN D'IVRY.

# L'ALGÉRIE.

## SON IMPORTANCE, SA COLONISATION, SON AVENIR.

### Importance de l'Algérie.

Si l'on envisage l'Algérie au point de vue d'une colonie ordinaire, on a raison de trouver les sacrifices de la France aussi funestes et absurdes qu'énormes et disproportionnés; mais l'Algérie, avec ses 7,200 (1) lieues carrées de Tell ou sol cultivable, et ses 13,500 lieues carrées de Sahara (2), couvert d'immenses pâturages et parsemé de nombreuses et riches oasis, a, en raison de sa fertilité, des ressources territoriales presque égales à celles de la France (3).

Ce n'est plus une colonie, mais un empire magnifique, à deux journées des ports français, qu'il s'agit de peupler et de coloniser. Car la conquête en est faite et assurée, bien qu'on en dise, malgré les difficultés et les révoltes qui se répéteront et se succéderont toujours avec moins d'intensité peut-être pendant un quart de siècle.

### Configuration de l'Algérie.

Ces difficultés tiennent à la nature du pays et à celle de sa population. En effet, l'Algérie présente sur la Méditerranée une côte généralement ardue et inhospitalière; le sol, découpé par de nombreuses ramifications de chaînes montueuses qui sont elles-mêmes déchirées par d'innombrables ravins, va toujours s'élevant jusqu'à une vingtaine de lieues dans l'intérieur: il forme ensuite des plateaux d'une étendue et d'un aspect variables du petit au

---

(1) Je prends les chiffres de M. Carrette, contrôlés par la commission scientifique, de 1540 myriamètres carrés pour le Tell, et de 2,730 myriamètres pour le Sahara, soit en somme, 4,270 myriamètres ou 21,000 lieues carrées, tandis que la France en a 27,000.

(2) Le Sahara n'est pas le désert, mais bien le pays sujet aux pluies d'hiver, fécond en pâturages et susceptible de plusieurs cultures sur bien des points, tandis que le désert même, région aride, ne produit rien ou presque rien.

(3) Ceci peut être contesté, mais je le tiens pour certain et je citerai ici deux faits à l'appui : 1° Les terres arrosées aux environs d'Alger rapportent déjà de 1,000 à 1500 francs l'hectare ; 2° j'ai vu dans la province de Constantine des terres cultivées sur une longueur presque continue de 10 et 20 lieues, dont les moissons, malgré l'infirmité de la culture, présentent un aspect bien supérieur à celles de France.

grand Atlas dont la base est, à certains points, de 3,000 pieds au-dessus du niveau de la mer, et ensuite il s'abaisse peu à peu et plus uniformément vers l'étendue immense du désert.

Le grand Atlas, quoique plus élevé en général que le petit, l'est cependant bien moins au-dessus de sa base que celui-ci, de telle sorte qu'il présente à l'œil l'aspect contraire au nom que nous lui avons donné, soit qu'on y arrive par les hauts plateaux du nord, soit par les pentes douces et peu accidentées du sud.

Le petit Atlas et la chaîne de la Kabylie, qui en est le contrefort le plus massif et le plus rapproché de la mer, offrent des versants aussi escarpés que difficiles à aborder par la côte, tandis que l'accès, à partir des plateaux septentrionaux, en est bien moins accidenté et moins pénible.

Cette configuration du sol explique comment les difficultés de la conquête par l'étranger sont bien plus grandes par mer que par terre. Elle justifie la longueur des conquêtes carthaginoise et romaine, et la rapidité de la conquête des Arabes. Leurs masses de cavaliers arrivant du désert ont facilement couronné les hauts plateaux d'où ils ont envahi et dominé les plaines en refoulant les vaincus dans les montagnes; tandis que les Romains, venus par mer, se sont heurtés aux rivages et aux chaînes ardues qui le défendent, gravissant au milieu d'interminables combats et des aspérités du sol les rudes remparts dont la nature a revêtu les flancs de cette partie du continent africain.

Les Carthaginois venant des plaines de Tunis ont bien pu aborder les plateaux de la Numidie (province de Constantine); mais ils ont toujours été arrêtés par les chaînes transversales de la Mauritanie (province d'Alger).

On conçoit aussi comment la cavalerie arabe, maîtresse des plateaux et des plaines qu'elle avait facilement abordés par l'est et par les coupures et les dépressions du grand Atlas, a dû s'arrêter devant les populations refoulées dans les chaînes et les massifs de montagnes où le fantassin reprenait toute sa supériorité.

## La configuration du pays détermine le système de guerre et d'occupation.

De là notre système actuel de guerre et d'occupation, le seul qui puisse donner la sécurité non-seulement à la région des plateaux, mais aussi au littoral et à quelques vallées basses qui l'avoisinent; car il ne suffit pas de poursuivre les Arabes jusque dans la région des plateaux et jusqu'au désert, il faut, si on ne veut être immédiatement ramené l'épée dans les reins, occuper les positions dominantes et les passages du grand et du petit Atlas (ce qui arrive maintenant de Sebdon à Batna); et même faire plus, occuper les points de ressources et d'approvisionnement dans le Sahara comme à Biskara et à Laghouat.

Dans les premières années de l'occupation partielle, nos corps d'armée, surchargés d'artillerie et de bagages, chassaient régulièrement devant eux, dans les plaines basses ou sur les plateaux, une cavalerie voltigeante pour laquelle la fuite était une tactique naturelle. Ils refoulaient quelques montagnards dans le haut de leurs vallées, et ils arrivaient à ruiner quelque ville à notre propre détriment, comme Medeah ou Milianah, et quelques gourbis bâtis en branchages, dont les Kabyles ne se souciaient guère plus que de quelques fagots. L'emphase du bulletin s'exerçait sur la quantité de terrain parcourue, sur le souvenir de lieux occupés par les Romains, sur la fuite des masses de cavaliers ennemis, et sur la soumission illusoire de certains individus; tandis que la seule compensation chétive d'une perte toujours cruelle de soldats était la trouvaille de quelques silos qu'on savait peu utiliser à cette époque.

Mais à peine était-on arrivé aux contreforts des montagnes ou à la région élevée, il fallait battre en retraite vers les approvisionnements, et nos soldats, harassés et harcelés par les Arabes, revenaient à la côte sans honneur ni profit. C'était toujours un nouveau col de Mouzaïa à passer en poursuivant et à repasser avec une poursuite.

Honneur et grâces soient rendus aux braves, dignes et intelligents généraux qui ont ramené la guerre d'Afrique à son élément essentiel, à l'occupation du pays par les positions fortes et avancées des plateaux cultivables et des débouchés du grand Atlas et du Sahara! honneur aux généraux de Lamoricière, Duvivier, Bedeau, Changarnier; honneur, mille fois honneur au maréchal Bugeaud, qui a le premier conçu et exécuté ce vaste plan, qui assure à la France une France nouvelle, et qui a mis par le fait la question hors de doute.

Le maréchal Clausel lui-même avait senti toute l'importance de la conquête et de l'occupation de Constantine. Et cette occupation nous a valu toute une immense province, dont la possession est assurée par nos postes avancés de Batna et de Biskara.

## Double phase dans la guerre d'Afrique.

La nature du sol algérien montre aussi les deux phases de la guerre africaine. La première, qui consistait à atteindre et à vaincre la cavalerie arabe, maîtresse des plateaux et des plaines, est pour ainsi dire terminée; elle n'a plus lieu que comme escarmouche d'avant-postes aux confins du désert, et son épisode le plus brillant a été la prise de la Smala. C'était une grande tâche pour notre belle cavalerie d'Afrique.

La seconde consiste non-seulement à vaincre, mais à soumettre toutes ces populations kabyles retranchées dans les gorges et les aspérités des montagnes. C'est une œuvre longue et pénible, même pour une infanterie agguerrie et éprouvée telle que la nôtre. Les combats de l'Ouarenseris et du Dahra, récemment attaqué et soumis pour la troisième fois et plus, montrent la ténacité du Kabyle indompté, mais non pas indomptable. Et la soumission de la grande Kabylie sera le couronnement de cette seconde phase de la guerre.

L'occupation actuelle des hauts plateaux du Tell domine à la fois les versants septentrionaux et méridionaux des monts Atlas et assure la tranquillité du littoral et du Sahara algérien. Elle est seulement interceptée et incomplète par l'indépendance du massif de la Kabylie.

La soumission des Kabyles n'est qu'une question de dépense et d'opportunité; car après les guerres du Dahra et de l'Ouarenseris, nul ne doute, en Afrique, de l'issue d'une attaque générale faite avec un nombre suffisant de soldats aussi éprouvés que les nôtres dans la guerre de montagnes. L'entière soumission est une autre question en vue de laquelle on peut bien, par prudence, attendre que la domination soit plus complète et définitive sur quelques points de la régence, avant d'entamer un massif de montagnes aussi considérable et des montagnards aussi acharnés. Il est certain cependant que la conquête de la Kabylie serait opportune au moment où on a une armée de plus de 80 mille hommes, et que son effet moral sur des hommes aussi pleins de tact et d'esprit juste que les Arabes sera immense pour la soumission entière du reste du pays. D'ailleurs elle aurait pour effet d'empêcher les massacres probables des équipages, et le pillage des navires venant à naufrager sur la côte comme il est arrivé au *Sphinx* il y a quelques jours. Ce serait le complément glorieux de la destruction des pirates d'Afrique.

## Formations et plateaux de l'Algérie.

L'Algérie est un immense plateau longitudinal et parallèle à la mer et au désert, flanqué de deux crêtes montagneuses, et sillonné transversalement par des chaînes secondaires.

Ce système détermine trois régions toutes différentes l'une de l'autre de sol, de climat et de productions.

### Région du littoral.

La première, celle du littoral, est généralement un versant rapide de 500 à 1,000 mètres de hauteur, sur une base qui varie de 0 à 20 lieues de largeur, n'offrant que des ravins ou vallées étroites aux flancs escarpés, et que des torrents pour cours d'eau, sauf la Seybouse et le Cheliff. La plaine de Bone étend ses vastes ramifications, peu accidentées, depuis les monts du Ras-el-Hadid (cap de Fer), près Philippeville, jusqu'aux frontières de Tunis, sur une longueur de 40 lieues. La plaine du Cheliff ondule et tournoie entre les monts du Dahra et les ramifications de l'Ouarenseris, qu'elle contourne.

Le climat du littoral est tempéré quoique chaud : l'hiver y est adouci, et l'été rafraîchi par les brises presque continuelles de mer; car, par un phénomène naturel semblable à celui qui se passe tout le long de ce continent, l'air, échauffé par les rayons du soleil dans les régions centrales et équatoriales d'Afrique, tend toujours à s'élever, et aspire par côté les souffles de mer humides et frais qui rasent et rafraîchissent toute la surface du littoral avec d'autant plus d'intensité que les pentes sont plus rapides et le désert plus rapproché.

Aussi la brise de mer, qui s'élève à mesure que le soleil monte, est-elle plus forte dans la province d'Oran, moindre dans celle d'Alger, et encore plus faible dans celle de Bone, et diminue-t-elle d'intensité à mesure qu'on s'avance dans l'intérieur. Le contraire a lieu, et par les raisons inverses, pour le simoun, qui souffle plus souvent et plus fortement dans cette dernière province.

Le littoral est sain, le sol généralement rocheux et siliceux, et sa pente rapide; les vents dominants de nord et nord-ouest le garantissent des maladies endémiques, sauf dans les parties basses, sans écoulement, où la chaleur et l'eau aident aux décompositions végétales et développent des germes putrides de fièvre. C'est dans les lieux abrités des vents dominants du nord que les vapeurs séjournent davantage, et que ces influences sont les plus pernicieuses.

L'Européen du Sud, l'Espagnol, l'Italien, le Provençal, se portent bien et supportent aisément le travail dans cette région : l'Européen du Nord y souffre de la chaleur ; le travail lui est pénible en été ; il est plus sujet aux influences atmosphériques ; et l'acclimatation est plus pénible, surtout à celui qui travaille aux ardeurs du soleil.

La végétation y est active et puissante ; presque tous les fruits du Nord et quelques-uns du Sud y viennent bien, tous nos légumes y réussissent, avec cette différence que l'hiver, saison des pluies, est l'époque de leur plus rapide développement : toute cette région fait partie du Tell.

### Région des plateaux.

La région des plateaux s'élève de 400 à 1,000 mètres, mais le plus souvent à 700 mètres environ de hauteur au-dessus de la mer. De formation calcaire, traversée seulement par quelques chaînes transversales de loin en loin, elle offre des plaines immenses et de vastes ondulations montueuses généralement fertiles. Le Tell, ou région cultivable, assez étroit dans la province d'Oran, plus large dans celle d'Alger, s'étend jusqu'à 100 lieues de profondeur à partir de la mer, le long de la frontière de Tunis. Mais dans la province d'Oran, le Sahara s'avance au delà du grand Atlas, tandis que dans celle de Constantine il reste bien en deçà. Cette plus grande largeur du Tell dans le sud-est de la régence tient sans doute à l'élévation et à la masse énorme des monts Aurès qui attirent plus fortement les vapeurs maritimes arrivant des deux côtes, du nord et de l'est, par le golfe de Tripoli.

La région des plateaux, montueuse au centre, s'abaisse peu à peu, surtout à l'est, en plaines interminables et magnifiques, d'une fertilité telle, que la couche végétale y a autant de mètres ou de pieds au moins qu'elle a de pouces de profondeur en France. Le climat y est plus chaud en été et bien plus froid en hiver que sur le littoral. Les neiges séjournent jusqu'à six semaines sur certains points ; l'air y est vif et subtil en raison de la hauteur, les changements de température plus sensibles.

J'ai vu, le 20 mai 1845, à Batna, à 1100 mètres de hauteur, la gelée à cinq heures du matin, 15° à neuf heures, et 24° à midi : c'était l'hiver, le printemps et l'été dans l'espace d'un quart de jour. A Sétif, qui est un peu moins élevé, l'air et le froid sont aussi très-vifs ; partout le climat est très-sain et plus convenable aux constitutions européennes du Nord. Le soldat travaille toute l'année, même par le simoun, sur les plateaux de Constantine, tandis qu'on est obligé de suspendre les travaux de la coupure de la Chiffa ( province d'Alger ) de la fin de juin au 15 septembre.

Dans ces plaines, dont la hauteur atteint souvent celle de nos montagnes secondaires, telles que les Vosges, l'individu faible de poitrine ne souffre pas de la rareté de l'air, comme il souffrirait sous notre latitude à un niveau bien inférieur. Mais la subtilité de l'air, le retour des froids et des neiges entretiennent l'énergie native de l'Européen ; avantage bien précieux, dont on saura sans doute un jour tirer parti pour la distribution en Algérie des différentes races de colons selon leur origine.

En effet, la colonisation ne s'est étendue jusqu'à présent que sur quelques points de la région du littoral d'Alger, et cependant le vrai climat des Européens, sous le rapport de la salubrité et des cultures, est celui des terres élevées de Medeah, par exemple, à 700 mètres d'élévation, et dont les environs offrent au printemps l'aspect de nos campagnes de France.

### Région du Sahara.

La deuxième région, celle des versants méridionaux, appartient presque tout entière au Sahara, sauf les versants des Aurès, où se cultive le blé. Le Sahara même envahit une bonne partie de l'espace compris entre les deux Atlas, dans les provinces d'Oran et d'Alger. Fécondée par les pluies d'hiver, c'est une suite de pâturages au printemps, de solitudes en été, interrompue par de nombreuses oasis, partout où l'eau arrive à la surface ou près de la surface du sol.

Car les fleuves ou *ouadi* ne sont souvent fleuves que pendant les grandes pluies, et peu après que des courants souterrains permettent aux racines des arbres d'aspirer l'humidité nécessaire à leur végétation et donnent aux habitants la faculté de faire les puits indispensables pour leurs jardins.

Dans les parties basses des oasis méridionales seulement, le palmier voit mûrir ses fruits abondants. Les céréales sont cultivées sans arrosages et en grand dans les environs de Bôu-Sada, sur quelques autres points et partout où l'on peut arroser les champs ; mais je ne doute pas que d'immenses espaces ne puissent être avantageusement cultivés dans les régions sahariennes par les nombreux exemples que j'ai vus dans les climats et les terrains analogues de l'intérieur de l'Afrique, vers le Soudan. Là, en effet, où les pluies ne durent que de deux à quatre mois, et même moins, on récolte une immense quantité de dourahs et de millets de diverses espèces, bases indispensables de la nourriture de la population, avec les pastèques et les cucurbitacées.

Le climat du Sahara est bien plus sain qu'on ne le pense généralement ; la chaleur y est très-forte, mais les froids y sont vifs aussi, par suite des rafales de vent dont rien n'abrite.

La fièvre y est inconnue, sauf dans les oasis basses et aquatiques ; mais sa chaude température, les privations suite du climat, la pénurie d'eau, l'éloignement des côtes, le vouent encore pour longtemps au parcours des Arabes.

Il est de toute nécessité subordonné au Tell. Les Arabes, chassés par la sécheresse, sont en effet forcés d'y venir au commencement de l'été se pourvoir de grains pour leur nourriture et de pâturages pour leurs bestiaux. Aussi disent-ils : « Le Tell est notre mère, et le maître du Tell est notre père. » De là encore l'infaillible nécessité où est la nation dominante d'occuper les accès et les marchés du Tell vers le Sahara.

Un grand nombre de tribus ont leurs parcours et leurs campements d'hiver au sud du grand Atlas, et ceux d'été au nord, dans la région méridionale des plateaux.

### Grandes lignes de communication.

Les grandes lignes de communication et de commerce les plus suivies vont, en conséquence, du nord au sud : ce sont celles de la Calle et de Bone vers Tebesa et à l'oasis de Souf, de Philippeville à Tuggurt, par Constantine, Batna, El Kantara et Biskara ; de Setif et de la Medjana au pays du Beni-Mzab, par Bou-Sada et Laghouat ; d'Alger au même lieu par Blidah et Médéah et de différents points de l'ouest, d'Oran et de Tlemcen surtout, vers l'intérieur, toujours dans la direction des Beni-Mzab et au delà jusqu'à Tombouctou.

Ce sont aussi les grandes voies politiques et militaires par lesquelles a marché la conquête et s'avanceront la colonisation et la civilisation. De ces lignes, les plus importantes sont celles de Constantine à Biskara, et d'Alger à Laghouat ; ce sont aussi les seules que nous ayons entièrement parcourues et sur lesquelles nous ayons des points importants.

Le point central de Bou-Sada, au nord du Sahara, n'aura pour nous toute son importance, comme port militaire et commercial, que par le débouché de la ligne de Sétif à la mer.

Les communications transversales de l'Algérie ne viennent qu'ensuite comme importance : ce sont celles de la frontière du Maroc à celle de Tunis, au nord, par Tlemcen, Oran, Alger, Sétif et Constantine, et la ligne transversale du sud que suit la grande caravane des pèlerins de la Mecque. Cette caravane est tout aussi commerçante que religieuse : il serait digne et politique pour le gouvernement d'occuper un des principaux points de son passage, de la protéger, de faciliter son commerce et la vente de nos productions, et d'avoir ainsi un certain gage d'influence par la quantité d'hommes marquants venus du Maroc et du sud, qui jugeraient de près nos procédés et notre puissance.

### Races algériennes. — Arabes et Kabyles.

La nature du sol a aussi déterminé la circonscription des races algériennes et influé sur leur état social, eu égard aux origines et aux qualités qui les distinguent.

L'Arabe a envahi les versants méridionaux, les plateaux et les plaines du littoral. Resté nomade dans le Sahara, il est devenu en partie cultivateur dans les plaines, et ses mœurs se sont le plus adoucies dans les plaines les plus grasses et les plus fertiles, celles de Bone par exemple. Il s'est mélangé aux Kabyles dans les montagnes secondaires; mais il n'a pu entamer les massifs abruptes des Aurès, des Ouled-Soultan, de la Kabylie; du Jurjura, du Dahra, de l'Ouarensenis; celles qui aboutissent à Cherchell et celles qui s'étendent vers le Maroc.

Refoulé dans ces remparts naturels, le Kabyle irrité a réagi de toute sa puissance contre l'envahisseur, et est resté séparé, par des barrières infranchissables, comme nature, caractère, forme gouvernementale et mœurs nationales.

L'Arabe est cavalier et mobile; le Kabyle, fantassin, habite des demeures fixes; l'un est paresseux: la nécessité seule l'oblige à tracer quelques sillons; il repousse toute idée d'un travail qui n'est pas un profit direct; il est oisif et contemplateur. L'autre est actif et industrieux, plus positif, occupé, ne redoutant pas l'expatriation pour le salaire obtenu de la main de l'étranger; il construit et défend sa demeure, et combat au besoin de pied ferme.

Le premier, vivant de la vie de famille et de tribu, est régi par un système aristocratique très-étendu; le second, divisé en petites fractions confédérées, selon que les ressources et l'étendue d'une même montagne l'exigent, est resté républicain. La tradition aristocratique et le sang décident la nomination du cheik de la tribu arabe; c'est l'élection qui fait *l'amin* kabyle, et l'assemblée des amin forme l'autorité nationale.

La religion musulmane même a pénétré dans la forme plus qu'au cœur de ces montagnards, et le despotisme politique qu'elle a enfanté partout où elle a dominé n'a pu envahir ces rudes enfants d'une nature âpre et farouche.

Aussi la haine d'Arabe à Kabyle, et réciproquement, est-elle plus terrible que celle des deux à l'égard des Français, et cependant nous n'avons pas encore su tirer politiquement parti de ces haines séculaires...

### Race Chaouya.

Dans la province de Constantine, la vieille population numide, plus riche, plus nombreuse et sans doute aussi moins guerrière, a subi autrefois la domination arabe, et gardé ses immenses et fertiles plaines; elle s'est peu mélangée aux vainqueurs; elle parle une langue bâtarde de l'arabe et du kabyle, et porte le nom de *Chaouya;* elle est comme attachée à la glèbe, méprisée à la fois de l'Arabe et du Kabyle, son frère d'origine, dont la tête ne s'est pas courbée sous le joug. Les tribus arabes qui l'ont envahie et opprimée forment elles-mêmes un corps aristocratique et militaire privilégié au milieu de la race des cultivateurs.

De là l'esprit d'aristocratie guerrière et religieuse des grandes tribus de la province de Constantine, de la tribu des Haractas en particulier; de là leur esprit de résistance à la domination française, qui égalisait leur position avec celle des anciens vaincus; de là aussi leur faiblesse et leur impossibilité de résistance, faute d'un concours énergique de la masse de la population, qui a trouvé plus de douceur et de justice dans l'administration française et un respect plus grand de ses intérêts.

Dans le cercle de Guelma, dont le territoire mixte est mélangé de montagnes, de collines et de plaines, on remarque quatre races principales: deux d'origine kabyle, une race Chaouya et une arabe; toutes quatre ennemies les unes des autres et très-fractionnées: de là la facilité de la domination et la supériorité du régime français, là où régnaient autrefois, avec plus de continuité par suite d'un grand fractionnement, la guerre et le désordre de tribu à tribu.

Des causes analogues enfantent à peu près les mêmes résultats dans la province de Bone, dont la fertilité et le facile accès ont attiré et fixé les Arabes, les Turcs, les Kabyles et les Chaouya des plateaux supérieurs.

Toute la province de l'est, dans toute sa partie accessible, c'est-à-dire en en retranchant la grande Kabylie et les monts Aurès, a toujours été plus ou moins gouvernée et administrée par les Turcs, ce qui a singulièrement aidé notre domination et notre administration, et les a rendues très-acceptables aux populations, qui reconnaissent actuellement toute leur supériorité. La prise de Constantine avait décidé la soumission de la province presque entière: notre conduite l'a confirmée.

Rien de semblable n'existait dans les provinces du centre et de l'ouest, où ne s'élevait aucune ville importante; où il n'y avait nulle part, groupée et stable, une masse de population de cultivateurs attachés à la terre. L'occupation de quelques petites villes n'y a rien fait pour la domination, mais bien l'occupation permanente des points dominants et le ravage continuel et successif des récoltes de toutes les tribus.

### Différence de la population de l'est à l'ouest.

Il y a d'ailleurs une loi constante et régulière applicable, sur une grande échelle, à tout le nord de l'Afrique, de l'est à l'ouest, de l'Égypte au Maroc: le fellah d'Égypte est l'homme le plus soumis, le cultivateur le plus attaché au sol, le plus taillable et corvéable à merci de toute la terre; l'histoire de la domination successive de quelques poignées d'esclaves étrangers sur l'Égypte entière le témoigne assez. La perte de la vue du Nil enlève au Fellah la moitié de ses forces. Notre discipline militaire l'a trouvé souple comme un gant.

A mesure qu'on s'avance vers l'ouest, l'habitant devient moins sédentaire, moins attaché au sol, moins docile, plus dur et plus farouche; le Tunisien est déjà tout différent du Fellah.

En Algérie, il y a une différence énorme entre le Chaouya (ou l'Arabe de l'est) et celui du centre; les tribus les plus tenaces, les plus sauvages et les plus guerrières sont à l'ouest: les Romains, parfaitement maîtres de la Numidie, n'avaient que difficilement pénétré jusque-là; les environs de Césarée (Cherchell) étaient déjà dangereux, et les montagnards voisins réputés pour leur cruauté. Rome a eu peine à lancer ses soldats jusqu'aux rivages de l'Atlantique ; et c'est encore au Maroc et à Fez que se trouve aujourd'hui le point culminant de la sauvagerie, de la cruauté et du fanatisme mahométan.

## Anarchie du pays.

La configuration du sol et la nature opposée des races ont amené en Algérie cette guerre continuelle d'Arabe contre Kabyle, de l'Arabe du Sahara contre l'Arabe du Tell, et enfin de tribu à tribu.

Les Turcs eux-mêmes ont fomenté cette anarchie continuelle pour se soutenir et piller successivement les fractions qui leur résistaient.

## Dégénération musulmane.

Les dogmes de l'impotente fraternité du Coran ont échoué devant toutes ces causes dissolvantes ; la hiérarchie a toujours été flottante et impuissante, sauf celle qui constituait la tribu : et la civilisation musulmane en Algérie n'a cessé de dégénérer depuis la conquête ; la sauvagerie, la rudesse et la cruauté ont toujours été en augmentant de race à race, encore plus que d'individu à individu : de telle sorte que toute l'Algérie est un terrible et vivant exemple de la dégénération et de l'abrutissement social où mène l'islamisme quand ses dogmes imparfaits se trouvent aux prises avec les grandes difficultés de la nature et de l'antagonisme des races.

Malgré ses principes d'unité violente et de despotisme religieux, il n'a jamais pu constituer une hiérarchie un peu haute et un esprit puissant qui ait rallié les diverses populations de la contrée autour d'intérêts communs. Le seul palliatif qu'il ait apporté à tant de maux a été la présence de marabouts, dont la droiture et le zèle personnel ont constitué quelques petites tribus pacifiques et plus respectées qui s'interposent comme un obstacle physique entre les inimitiés des plus grandes.

En résumé, l'Algérie, puissante, populeuse et cultivée sous les Romains, a été conquise par les Arabes, et elle a rapidement et effroyablement dégénéré sous le régime du sabre des Arabes et des Turcs. Nous l'avons conquise aussi par le sabre, c'est par d'autres moyens que nous la conserverons : et la régénération doit légitimer notre conquête.

D'après ce qui précède, la fusion des races indigènes entre elles et de la race conquérante avec les vaincus serait le moyen le plus puissant de colonisation et de civilisation. Est-elle possible ? Je ne le crois pas.

Les dogmes exclusifs et matériels de l'islamisme, la fatalité, l'esclavage, l'union du temporel au spirituel, la multiplicité et la séquestration des femmes, la haine, et la guerre sainte érigée en devoir contre les infidèles, sont des obstacles que le Coran a posés comme des bornes infranchissables entre musulmans et non musulmans : mais en vain, car c'est la Providence divine qui est éternelle et vraie, et non la fatalité ; c'est la liberté qui est vraie, et non l'esclavage ; la distinction du temporel et du spirituel, et non leur confusion ; l'égalité, et non l'infériorité de la femme ; l'amour et l'union, et non la haine et la division.

Aussi la civilisation chrétienne grandit et marche , tandis que l'islamisme dégénère et recule.

### Envahissement de la nationalité arabe.

L'envahissement a lieu par la force même des choses, par l'ascendant de la vérité sur l'erreur, de la force sur la faiblesse , de la lumière sur les ténèbres ; la barbarie recule, et l'Arabe fuit toute espèce d'ordre, de police, d'administration , de surveillance, comme la bête fauve fuit elle-même devant l'homme ; ses instincts simples et matériels sont gênés par le bruit, le mouvement et les frottements multiples de la civilisation ; il en profite peu ou point , et il n'est pas du tout disposé aux sacrifices nombreux qu'elle impose; il en sent au contraire la gêne à chaque pas, à chaque action de sa vie , moulée depuis des siècles sur un type uniforme. Sa tendance est donc une retraite prochaine , à moins que sa foi ne chancèle, et que l'intérêt, la douceur et la facilité de nos mœurs ne le séduise , auquel cas il est absorbé dans les positions inférieures.

Ce qui se passe chez l'individu se passe dans la nation, ce n'est pas là une fusion , mais un envahissement d'une race sur une autre. Seulement l'envahissement est naturel et non violent de la part des Européens ; il a lieu pour les propriétés , par exemple , parce que l'Européen , plus industrieux, et sachant en tirer un parti meilleur , dépossède l'Arabe à un prix que celui-ci n'aurait jamais pu espérer et qui le séduit.

L'envahissement moral des Arabes est de chaque instant ; mais il a plus de prise sur leurs intérêts et sur leurs passions qu'au fond de leur âme , car celle-ci est comme rétrécie par le cercle étroit de l'islamisme, et l'intelligence des choses d'esprit et de théorie, l'instruction enfin, leur manque singulièrement. Aussi nous pénétrons plus facilement les Arabes de nos vices , qui les corrompent, que de nos qualités, auxquelles ils sont peu aptes à atteindre ; et comme nos vices sont en opposition avec leur doctrine religieuse, base de leur état social, leur démoralisation et leur disolution n'en marchent que plus rapidement.

Cette tendance de démoralisation ne peut qu'être funeste aux indigènes, il faut donc en contre-balancer l'effet par des influences puissantes et salutaires ; et cependant l'Arabe ne peut absolument pas être gouverné par nos lois ni être soumis à nos mœurs et coutumes. Mais il est indispensable de le diriger par ses chefs, par la hiérarchie qui le saisit et le frappe , dans les voies d'améliorations qui sont un devoir pour nous, et aussi bien dans son intérêt que dans le nôtre.

### Nécessité de l'administration des Arabes par des chefs indigènes.

Il y a d'abord une nécessité absolue de gouverner par des chefs indigènes ; car, excepté quelques hommes sachant bien la langue du pays et chargés dès

longtemps des affaires arabes, nous n'en avons aucun assez au fait de la langue,
des mœurs, des traditions, des coutumes locales, pour espérer conduire les
Arabes d'une manière passable par leur entremise. Rendre la justice selon
les principes peu clairs du Coran, quand on n'a pas passé plusieurs années
à en étudier les interminables commentaires, administrer des gens aussi
traditionnels et enferrés dans leurs coutumes, faire rentrer les impôts de
gens aussi récalcitrants et aussi durs que les indigènes, n'est pas chose facile
à un étranger ignorant toutes les ressources de la langue, des hommes et
des choses, et imbus des maximes toutes différentes, sinon opposées, de
son pays.

En outre l'Arabe, par tradition et par habitudes invétérées, est essentiellement aristocratique, il n'obéit instinctivement et ne se courbe que devant
celui qu'une longue suite d'ancêtres et de services rendus ont signalé au
respect de la tribu ; un étranger de territoire, et à plus forte raison s'il l'est
en outre de race et de religion, ne jouirait d'aucun crédit ni d'aucune des
influences directes rigoureusement nécessaires là où l'homme est tout, la
loi rien ; où un ordre quelconque n'a de valeur que par la prépondérance de
celui qui l'exécute.

Il n'y a donc pas moyen d'administrer par d'autres que par les chefs indigènes, et si dans certains endroits les Arabes ont paru préférer des officiers
français, c'est qu'ils espéraient en avoir meilleur marché dans leurs rapports avec le pouvoir et les duper vertement. Dans l'organisation des indigènes, les Français doivent être la tête, et les chefs indigènes le bras.

### Organisation arabe.

L'organisation d'Abd-el-Kader est un précédent qu'on a eu grande raison
de suivre dans ses dispositions générales puisées dans la nature même des
choses.

Des kalifats, dont la circonscription assez étendue répond environ à celle
de nos départements, ont sous eux des aghas, des caïds, des cheiks qui com-
mandent à des tribus, à des fractions de tribus, ou à des douars corres-
pondant de très-loin à nos arrondissements, à nos cantons ou à nos com-
munes.

Ces magistrats nommés annuellement sont chargés d'administrer, de
correspondre avec les bureaux arabes, et de rendre la justice dans tout ce
qui concerne l'ordre public, la police et les faits politiques, tandis que les
cadis exercent la juridiction civile sur les personnes et les choses d'après les
principes du Coran.

Chacune des trois provinces, sous les ordres d'un lieutenant général,
est partagée en subdivisions sous les ordres d'un général ou d'un officier
supérieur ; et chaque subdivision en kalifats et en aghaliks ou caidats.

Les divisions inférieures sont très-inégales, selon la constitution des tribus arabes, dont quelques-unes, très-nombreuses, s'étendent sur des espaces
considérables, tandis que d'autres, très-faibles, comptent seulement quelques tentes.

Il a fallu respecter ce principe virtuel de l'indépendance de la tribu, et n'agglomérer ou ne diviser qu'avec circonspection.

Un exemple montrera mieux que toute autre explication la valeur de ce qui précède. La province d'Alger est divisée en plusieurs subdivisions, Alger, Medeah, etc. La subdivision d'Alger est dirigée par le bureau arabe de cette ville ; mais le chef directement en rapport avec les Arabes est un agha qui a sous lui trois caïdats, celui de Beni-Mousa comptant 12,000 indigènes, celui de Khachna 18,000, et celui de l'Isser 11,500.

Dans ces trois caïdats on compte les tribus suivantes, et j'indique pour chacun le nombre des zaouidj ou zebda (1) ensemencées, c'est-à-dire le nombre de paires de bœufs de labour qu'elle possède, ce qui donnera une idée de leur importance territoriale relative quant à la culture.

| | | |
|---|---:|---|
| Beni-Mousa. . . . . . . | 668 | zaouidj. |
| Khachna. . . . . . . | 1227 | » |
| Isser . . . . . . . | 766 | » |
| Ouleb-Mendil . . . . . | 66 | » |
| Beni-Khalil. . . . . . | 419 | » |
| Beni-Misera. . . . . . | 175 | » |
| Souhalia. . . . . . . | 57 | » |
| | 3378 | zaouidj. |

J'ai dit l'importance territoriale quant à la culture, car dans les tribus nomades ou presque entièrement nomades, c'est la quantité de bestiaux qui en détermine l'importance, et dans les montagnes c'est la quantité de jardins, d'oliviers, etc., qui peut être la base de l'impôt aussi bien que l'industrie et le chiffre la population.

Dans chacune des tribus nombreuses, il y a des subdivisions, et à la tête de chacune un cheik qui commande lui-même dans plusieurs douars.

On sent qu'il n'a pu être fait une bonne division de l'Algérie sans renseignements précis et complets, que l'assiette des impôts est inégale faute de statistique et de cadastre, et que l'administration s'en ressent beaucoup.

### Travaux et importance des bureaux arabes.

Cependant les bureaux arabes et leur digne chef le colonel Daumas ont déjà accompli des travaux immenses en ce genre. Le but essentiel pour le moment était la circonscription des tribus d'après les accidents généraux du sol, afin d'éviter les collisions fâcheuses, sources de discordes et d'animosités interminables ; et la statistique de ces tribus, surtout la quantité de terres ensemencées, et le nombre de leurs bestiaux, bases des deux grands

---

(1) La zebda varie, dans toute la régence, de 8 à 12 hectares, selon la qualité forte ou légère des terres et selon les usages locaux. On peut dire qu'elle est en moyenne approximative de 10 hectares.

impôts arabes : enfin la population et la connaissance des chefs pour éclairer les choix de l'autorité française.

Ces notes ont été prises presque partout par les bureaux arabes, elles sont complétées chaque jour par les renseignements que fournissent les officiers chargés de parcourir les tribus. Ce travail même est complet dans la subdivision d'Alger, où on a les états nominatifs, avec la quantité des cultures pour chaque chef de famille et le nombre de bestiaux de toute nature de chaque douar. On a, de plus, des notes précises sur la vie, les antécédents et le caractère de tous les hommes marquants. C'est un véritable cadastre personnel et mobilier, plutôt politique et administratif que territorial, comprenant la population, le nombre de fantassins et de cavaliers, celui des fusils, des animaux de toute nature, et enfin le nombre des zebda ensemencées. Il sert à l'assiette équitable de l'impôt, qui, dès cette année même, sera perçu en argent dans cette subdivision ; modèle, pour toute la régence, d'un travail analogue qui précédera le grand cadastre foncier, il permet de diriger l'administration des Arabes par des chefs indigènes avec sûreté et régularité.

Les bureaux arabes ont rendu et rendront encore chaque jour d'immenses services, parce qu'ils sont en contact journalier avec les Arabes, obligés d'agir incessamment, rectifiant leurs erreurs et faisant pénétrer l'ordre dans un immense chaos. On ne leur a pas assez rendu justice, car on ignore la masse des difficultés avec lesquelles ils sont aux prises. Bien que ces bureaux fonctionnent dès longtemps aussi activement qu'utilement, et qu'ils soient organisés selon le principe le plus désirable, celui d'une dépendance directe de l'autorité centrale militaire et celui d'une grande liberté et latitude dans l'emploi des moyens d'exécution vis-à-vis des indigènes, ce qui mobilise, pour ainsi dire, les ressources dans la main des chefs français, sans les astreindre à des détails spéciaux qu'ils ignorent ; ces bureaux, d'où sortent tous les éléments d'organisation du pays, n'ont point encore reçu tout le développement qu'ils méritent ; ils ont dû, d'abord, être composés exclusivement d'officiers, à une époque où l'armée était tout en Afrique ; d'ailleurs, la discipline militaire était la meilleure école pour apprendre à conduire les Arabes, chez lesquels la force du sabre est la sanction du pouvoir : mais ces officiers, non pas ceux sachant quelques mots d'arabe, mais ceux qui le parlent bien, qui le lisent et l'écrivent, sont encore très-peu nombreux dans l'armée ; il faut, en outre, qu'à cette exigence du langage se joigne l'esprit d'ordre, d'administration et de ressources dans l'exécution des détails, plutôt civils que militaires, qui se présentent à chaque pas ; or, la spécialité est très-envahissante chez nous, surtout dans l'état militaire, et l'administration d'une compagnie ou d'un bataillon n'est pas une école suffisante pour celle d'une province ou d'un département tout entier. De plus, il faut un long séjour en Afrique pour s'initier à l'esprit des habitants. Il n'est donc pas étonnant que les choix de l'autorité se soient trouvés défavorablement restreints dans de telles conditions.

Les officiers employés aux affaires arabes comptent aussi dans les cadres de régiments, et leur absence du corps leur est peut-être plus préjudiciable que les services qu'ils rendent ne leur profitent, et cela doit être, puisque leur régiment et leurs chefs directs peuvent difficilement apprécier leurs services en administration et en politique à leur juste valeur. Il n'y a donc ni encouragement pour l'officier, ni latitude suffisante dans les choix de l'administration supérieure.

Or, l'organisation des bureaux arabes doit être encore, de longtemps, essentiellement militaire, bien qu'elle exige des connaissances administratives. Mais on doit largement encourager, avancer en grade et faire grand cas d'hommes qui, à leur expérience militaire acquise et éprouvée, joignent des talents administratifs, la science d'une langue horriblement difficile et l'expérience du pays toujours très-rude à acquérir aux risques de la vie.

## Les bureaux arabes ne doivent pas être exclusivement militaires.

Ensuite, la carrière doit être ouverte aux employés civils, et voici comment : — L'exécution des ordres militaires et politiques, la constitution et la police des corps auxiliaires irréguliers, les migrations de tribus, etc., sont plus du ressort de l'autorité militaire ; l'assiette de l'impôt, le mesurage des terres qui en est la base, les améliorations matérielles, les mouvements commerciaux, etc., sont évidemment du ressort de l'autorité civile. Deux employés choisis librement partout où les meilleures conditions se présenteraient, pourraient donc être chargés, l'un des détails supérieurs, et l'autre de l'exécution, et surtout du mesurage des zaouïdj et du dénombrement des bestiaux. Je ne doute pas que la dépense d'une telle mesure, peu dispendieuse, ne fût largement compensée, dès la première ou deuxième année, par la plus-value dans la rentrée de l'impôt.

Il est à désirer même qu'à l'avenir un docteur militaire du lieu soit attaché à chaque bureau pour les consultations des indigènes, et qu'une légère allocation permette de leur délivrer des médicaments gratuits, car le docteur est le personnage le plus révéré des Arabes, et ils sentiront la main qui secourt et sauve en même temps que celle qui domine et punit.

On est déjà entré dans cette voie de protection en nommant à Alger un avocat des Arabes payé par l'administration, et chargé de veiller à leurs affaires dans les difficultés judiciaires qui leur surviennent. On a eu grande raison d'agir ainsi, car les pauvres Arabes, assaillis de significations, de citations et d'autres paperasses qu'ils jugeaient fort inoffensives, se voyaient parfois poursuivis et saisis sans savoir seulement d'où et comment les orages de la chicane pouvaient les écraser.

Si j'ai autant insisté sur les bureaux arabes, c'est que je les considère comme le principe d'organisation, d'administration et de pacification du pays, comme le plus sûr moyen d'assurer les ressources de l'avenir, et qu'enfin des hommes de haute capacité à leur tête nous vaudront mieux en Afrique que quelques bataillons. Il faut enfin ne pas craindre d'y employer des officiers des grades les plus élevés, au moins à la tête de chaque province; car la direction et le commandement de plusieurs centaines de milliers d'indigènes et même d'un million, comme dans la province de Constantine, est bien de niveau avec la capacité et l'expérience que supposent les grades supérieurs, et bien des officiers entreraient alors dans la voie où les actions d'éclat peuvent être moins fréquentes, mais où leurs services importants et multipliés seraient largement récompensés.

Une administration des indigènes forte, surtout éclairée par l'expérience, permettra, malgré toutes leurs résistances, de les conduire dans des voies immenses d'amélioration.

Ils ne récusent pas et ne récuseront jamais ce qui est de leur intérêt notable et évident. Les barrages, les fontaines, les ponts, sont l'objet de leurs vœux, ils sont même étonnés de sentir l'action d'un pouvoir qui songe à leur bien-être. Certaines tribus, telles que celles des Garabars dans l'ouest, ont manifesté l'intention de construire des villages si on les aidait. Le lieutenant général de Lamoricière a fait construire près d'Oran quatre habitations à l'arabe, pour les quatre chefs de quatre grandes tribus, et à leurs frais. Les chefs de la province de Constantine ont demandé un journal arabe, et il est à regretter qu'on n'ait pas trouvé un homme capable de le diriger. Deux Arabes marquants, des environs de Bone, ont fait construire des fermes, et leurs compatriotes sont vivement frappés de l'état de leurs bestiaux ainsi abrités, et du peu de mortalité qui les atteint. Il est probable que c'est par l'utilité des étables que les Arabes commenceront à apprécier les avantages d'un séjour fixe. J'ai vu moi-même les maisons construites pour le caïd de Batna et pour celui de l'Aurès, aux environs du camp. Le caïd de l'Egough en a fait construire une à son usage entre Bone et Philippeville, et celui de Medjez-Hammar l'imite au delà de Guelma.

Il ne serait pas difficile d'amener à des résidences fixes les chefs indigènes; le gouvernement peut les y contraindre en leur faisant appliquer à cette destination une partie des appointements qu'il leur donne, en les aidant par des ouvriers militaires, et en leur accordant des concessions. Autour de ces résidences choisies dans de bons emplacements, près des grands marchés, se grouperaient successivement les édifices essentiels, les mosquées, les écoles, les baraques destinées aux marchands, les étables pour les bestiaux et les caravanes; viendront ensuite et peu à peu les habitations arabes. Les abreuvoirs, les fontaines, les barrages, seront les préliminaires de ces établissements, et il sera nécessaire d'accorder comme encouragement quelques priviléges aux hommes les plus riches et les plus intelligents des tribus. Telle est la voie par laquelle on arrivera à créer des intérêts arabes qu'on puisse atteindre, et à les rapprocher le plus possible des intérêts européens par une meilleure exploitation de leurs terres et de leurs troupeaux.

### Ressources de la colonie.

Les ressources territoriales de l'Algérie sont immenses, et d'abord le climat y est excellent, car il offre à différentes hauteurs des plaines basses, des plateaux et des montagnes qui permettent toutes les conditions de culture et d'habitation pour l'Européen, selon son origine.

Les difficultés de la côte sont moins grandes qu'autrefois parce qu'elle est parfaitement explorée et mieux connue, et le petit nombre des sinistres en est une preuve suffisante.

### Ports.

Mersel-Kebir offre une excellente rade et un abri pour les plus grandes flottes de haut bord, et rivalisera un jour avantageusement avec Gibraltar. Arzeu est un port excellent dont les ressources naturelles peuvent être singulièrement améliorées. On peut construire un port à Tennez, et l'on dégage déjà le bassin romain de Cherchell. Le port d'Alger est bon et deviendra bientôt aussi vaste que sûr. A l'est, Bone et Bougie surtout sont d'excellents abris. Stora et Gigelli peuvent devenir de bons mouillages. C'est donc une question de temps et de dépenses que la constitution de bons ports et d'abris sur le rivage africain.

### Routes.

L'accès à l'intérieur est encore difficile, sauf par quelques routes bien percées et passablement entretenues. Le génie militaire a fait preuve de talent et de zèle, mais toutes les difficultés ne peuvent pas être vaincues en quelques années. On ne trouve généralement que des tronçons de route et des tracés encore imparfaits avec les passages difficiles aplanis, et quelques ponts pour les torrents ou les rivières. Les voitures de transport circulent, mais en général difficilement, de la côte aux points principaux d'occupation, tels que de Bone à Guelma et à Hammam-Mescoutin, de Philippeville à Constantine, et même incessamment à Batna; d'Alger à Medeah, de Tennez à Orléansville, d'Oran à Mostaganem, à Mascara, et jusqu'à Tlemcen.

Quelques routes de la province d'Alger présentent seules un aspect européen sur une certaine étendue. D'immenses travaux y sont en exécution, surtout au passage de la Chiffa, de Blidah à Medeah. Les Romains avaient tourné la difficulté de l'Atlas en faisant escalader à leur voie les contours du col de Mouzaia : le génie l'a abordée de front en coupant les roches escarpées de la Chiffa. Il a fallu suspendre les pionniers à de longues cordes, pour tracer la route et faire jouer la mine sur des lieues entières de longueur : et Medeah, qu'on n'atteignait que par un passage d'une journée de pénibles fatigues, sera à quelques heures de Blidah. C'est un vrai monument de civilisation et le plus grand travail d'Afrique, avec celui du port d'Alger.

Les mines de toute espèce sont nombreuses dans les montagnes d'Algérie, et surtout celles de fer, de cuivre et de plomb argentifère ; le sel gemme y existe aussi en quantité sur certains points : c'est au moyen des routes qu'on pourra exploiter ces richesses, ainsi que les carrières, les briqueteries, les fours à chaux dont l'établissement doit précéder celui des centres de construction, à moins de les surcharger de frais énormes.

Mais les mines ont cela d'avantageux pour la colonisation, qu'offrant un produit riche et concentré sur un même point, qui appelle par les concessions de grands capitaux particuliers, elles entraînent pour leur exploitation des établissements et un personnel nombreux qui constituent à eux seuls un centre d'habitation complet, créé au moyen de capitaux européens.

La mine de Mouzaia en est un riche et bel exemple.

Il est bien à désirer cependant que cette partie de la richesse publique ne tombe pas dans le domaine de spéculations aventureuses, qui gâteraient pour longtemps son bel avenir.

Les routes avec les desséchements et les barrages pour irrigations sont les voies les plus certaines et les plus dignes du gouvernement, qui seul peut les entreprendre, pour arriver à la colonisation du pays ; car, en premier lieu, la construction des habitations est presque impossible à une certaine distance des routes, avec des prix de transport qui doublent le coût des matériaux encombrants et celui des produits ; ensuite, les desséchements arrêtent les germes des maladies, le plus fatal obstacle à l'arrivée et au maintien de la population ; et, enfin, les irrigations assurent et décuplent les produits du sol.

## Fertilité et irrigations.

Dans les régions du nord, on se fait peu l'idée de l'activité et de la force de végétation développées par l'eau et la chaleur. Par l'effet du climat, en Algérie, on peut obtenir deux ou trois récoltes chaque année, soit par succession de végétaux, soit simultanément, comme il arrive dans les riches plaines de la Lombardie et de la Campanie, où les guirlandes de vigne se balancent de mûrier en mûrier au-dessus des moissons ou des prairies sans leur nuire, car elles conservent à la terre une salutaire fraîcheur et profitent de la chaleur superflue des rayons solaires. Sous un ciel plus chaud et avec abondance d'eau, chaque mois ou à peu près voit mûrir une récolte : dans la *huerta* de Valence, arrosée et mise en rapport par les Arabes d'Espagne, on compte 20,000 habitants par lieue carrée. Dans les jardins de la basse Égypte, le palmier étale ses masses de dattes au-dessus de forêts épaisses de bananiers, d'orangers et de citronniers, et on obtient jusqu'à dix coupes de trèfle par an.

Or, les vallées d'Algérie contiennent toutes une plus ou moins grande quantité de terres naturellement arrosables et susceptibles de produire constamment. Les barrages, tels que ceux du Sig, de l'Oued Jer, peuvent décupler les produits; car les rivières, n'étant pas navigables, permettent d'utiliser toute leur eau pour la culture. En outre, en vertu de la structure des montagnes et des plateaux culminants, on trouve presque partout dans les plaines, et souvent sur les hauteurs, l'eau à une faible profondeur, de telle sorte qu'avec des puits à roues ou autres machines une immensité de terrains peuvent être, avec une faible dépense, artificiellement arrosés.

C'est ce qui est arrivé aux environs d'Alger, où des Mahonnais, habiles jardiniers, exploitent ces terres et les louent sur le pied de 1,000 à 1500 francs l'hectare; le voisinage du marché et la quantité d'engrais de la ville leur permettent encore d'assez beaux bénéfices, tandis que les mêmes terres, à la distance de quelques lieues et sans travaux d'irrigation, sont presque sans valeur, faute de bras et de consommateurs.

### La Mitidja.

La Mitidja, vallée importante à cause du voisinage d'Alger, est une plaine de 25 myriamètres carrés d'étendue environ : supposons-en un vingtième, soit 12,500 hectares, cultivé et arrosé naturellement ou artificiellement ; portons-en le produit au tiers seulement de ce qu'il est en moyenne autour d'Alger, soit à 400 francs l'hectare, et nous aurons une somme de 5 millions de francs pour prix de fermage de ce vingtième de la Mitidja, sans compter une valeur double ou triple de produit brut sur lequel il sera prélevé. Voilà un indice de l'avenir d'un coin de l'Algérie avec la colonisation européenne.

### Plaine de Bone.

Toute la plaine de Bone, depuis la chaîne du Ras-el-Hadid, près Philippeville, jusqu'aux collines de la frontière septentrionale de Tunis, présente une étendue de 100 myriamètres carrés ou 1,000,000 d'hectares : le sol est, en grande partie, un limon d'alluvion des plus fertiles et des plus facilement cultivables et arrosables, grâce aux rivières, aux ruisseaux et aux couches d'eau qui règnent à peu de profondeur sous sa surface. Le lac Fetzara occupe le fond d'un des bassins de cette plaine, sur une immense étendue : il a peu de profondeur et a été autrefois desséché par les Romains, au moins en partie, puisqu'on trouve des ruines romaines au milieu de ses eaux.

J'ai parcouru toute la plaine de Bone, du sud au nord et du centre à l'ouest, et je me suis convaincu par mes yeux de ce que j'avance. J'y ai remarqué des forêts de liéges magnifiques, bien qu'assez généralement clair-semées, de nombreuses cultures arabes et kabyles de toute espèce. Je regarde même cette partie du nord-ouest de la province de Bone comme une des mieux situées et des plus avantageuses sous le rapport du sol, de la proximité de la mer, de la salubrité et de la sécurité, entourée comme elle est de populations soumises et paisibles, et composée de tribus agricoles peu nombreuses et de races diverses.

Il en est à peu près de même du reste du littoral de Bone et du cercle de Guelma, qui présentent de vastes territoires à la colonisation.

### Plaines de Constantine.

Quant à la province de Constantine proprement dite, ce sont des plaines interminables, tantôt unies, le plus souvent ondulées ou parsemées de montagnes, avec une terre végétale de toute profondeur, et des moissons immenses: c'est l'ancien grenier de Rome, c'est le véritable royaume du blé et de l'orge. De temps à autre, mais rarement, se trouvent des vallées en forme de coupures ou de ravines, avec des étendues restreintes de terre arrosable d'une fertilité du premier ordre. Il existe des traditions romaines presque fabuleuses sur le produit des céréales à Sétif; mais ce qui est certain, c'est que les Arabes s'accordent tous à le mettre bien au-dessus de celui des terres de Constantine.

Le versant méridional du grand Atlas, pour sa partie comprise dans le Tell, offre aussi de grandes ressources; mais ce sont surtout les terres arrosées dont la fertilité y dépasse de beaucoup tout ce qu'on peut voir sur le littoral. La ville romaine de Lambesa, dans une vallée des Aurès, avait au moins 60,000 habitants, comme on peut en juger encore aujourd'hui par son enceinte d'une heure de circonférence, toute couverte de débris, ses nombreux tombeaux, ses vastes édifices, son amphithéâtre immense; et les établissements romains s'étendaient certainement au delà, à Biskara, où on en trouve de nombreuses traces.

### Superficie du Tell.

Le Tell comprend ainsi une étendue de 1500 myriamètres carrés ou 15,000,000 d'hectares, dont la fertilité moyenne peut être hardiment mise au-dessus de la moyenne de France, malgré les grands systèmes montueux de la régence.

### Le Sahara.

Le Sahara, qui présente la surface immense de 2,700 myriamètres carrés, soit 27,000,000 d'hectares, est loin d'être dénué de ressources, comme on l'imagine; c'est un sol qui, en vertu des pluies abondantes de l'hiver, produit en cette saison et au printemps des fourrages en immense quantité, dont faible partie est utilisée pour le parcours libre des bestiaux. Ces fourrages pourraient être récoltés et utilisés pour l'été, et les bestiaux séjourner dans le voisinage des eaux. Le Sahara est inhabitable l'été, parce qu'il n'y a pas ou fort peu de quoi vivre; comme les parties hautes des montagnes suisses seraient inhabitables l'hiver si les habitants ne rassemblaient pas des fourrages d'été, et ne les gardaient pas pour l'hiver.

J'ai déjà insisté sur la possibilité d'introduire dans le Sahara le dourah, le millet, les céréales convenables et déjà cultivées en grand dans les climats analogues de l'intérieur de l'Afrique. D'ailleurs les puits artésiens sont destinés à révolutionner les surfaces sahariennes; non pas qu'on puisse espérer d'amener presque partout l'eau à la superficie, mais bien près de

la superficie, de manière à arroser, au moyen de machines, des espaces
actuellement presque stériles dont le produit serait aussi abondant que sûr,
et de manière à abreuver chaque jour les bestiaux dont le nombre décuplé
pourrait alors séjourner toute l'année dans les mêmes lieux, et consommer
les récoltes de foin réservées. C'est ce qui se pratique en grand dans le
Soudan et dans les déserts environnants, où, sans récolter de foins, on
amène une fois par jour au puits central les bestiaux qui pâturent sur un
grand rayon.

La pacification du Tell et l'abondance des grains sont les éléments de
prospérité les plus sûrs et les plus prochains pour le Sahara. Le commerce en
est l'âme, et la rapine en est le fléau : que tous nos efforts s'attachent à détruire
ce dernier, le commerce fleurira, et après lui la culture de nouveaux moyens
d'existence, des substances alimentaires dont je viens de parler.

Dans les lieux arrosables du Sahara les oasis sont extrêmement bien cultivées et fort habitables ; les Mzabites et les Biskris venant du sud sont en
général des hommes remarquables de vigueur, mais surtout d'activité,
d'intelligence et même de probité, ce qui les met bien au-dessus des autres
Arabes comme importance d'utilité à notre égard. Leur pays même et les
espaces sahariens, bien que fleurons détachés de la régence, y seront bientôt
rattachés par la force des choses.

Je pourrais citer bien d'autres faits positifs et reconnus, tels que la fertilité et l'étendue de la plaine du Sig, celle du territoire arrosé de Tlemcen,
qui, sur plusieurs lieues, présente des cultures et des plantations admirables
de force et de vigueur ; mais je me suis tenu par réserve à ce que j'ai vu de
mes propres yeux de plus remarquable.

### État de la colonie. — Travaux exécutés.

Au milieu de ces ressources qu'a-t-on fait ? La grande affaire a été, jusqu'à
ces dernières années, la conquête et l'occupation militaire. La conquête du
littoral est ancienne, son occupation vient d'être complétée par l'établissement de Ghazouat aux confins du Maroc. Il ne reste plus qu'à rayonner
autour de Bougie, de Gigelli et de Collo, qui est soumis, mais non occupé.
La ligne d'établissements du centre comprend Tlemcen, Mascara, Orléansville, Miliana, Medeah et Constantine ; et enfin la ligne des postes militaires avancés est à Sebdon, Daïya, Saïda, Tiaret, Bogar, Batna, et Biskara.

Chacun de ces établissements est comme une ville militaire où il a fallu
tout apporter, tout créer ; il a fallu détourner les eaux, ouvrir les carrières,
tracer des routes, ou au moins aplanir les grands obstacles, souvent apporter
les bois de la côte, bâtir et fortifier tous ces ports dont quelques-uns, comme
Batna, sont importants, puisqu'un régiment entier y tient garnison.

### Difficultés vaincues.

C'est rude et grande besogne que d'agir ainsi dans un pays à peine connu,
et parfois avec la guerre ou la trahison de tous côtés. Puis il faut des hôpi-

taux, des magasins, des logements d'officiers, des poudrières, etc. Puis ce sont les expéditions à faire, les convois à escorter, les premières constructions civiles à aider à force de bras. Voilà ce qui a occupé et ce qui occupe encore la majeure partie des 80,000 hommes que nous avons en Afrique.

Quant à la population civile, qui, de quelques milliers d'âmes qu'elle était dans les premières années, s'élève maintenant à près de 100,000, qu'a-t-elle fait?

## Nécessités de la civilisation européenne.

On peut dire que la civilisation moderne ne marche qu'à couvert ; il lui faut avant tout des maisons, des magasins, des routes, des ponts, des quais, des ports, des villes ; une administration, une police, une justice, et mille autre choses sans lesquelles elle est de toute impuissance. Ce sont là les ressorts, et pour ainsi dire l'outillage embarrassant, dispendieux et long à créer de notre organisation civilisée.

C'est cela même qui a été fait en Algérie jusqu'à ce jour, et c'est assez pour marcher en avant à d'autres développements. Ces premiers travaux d'installation en masse devaient tout précéder, car l'Européen n'a toute sa valeur que par l'ensemble de sa force et des ressorts collectifs ; sa valeur individuelle est peu de chose. La culture qui exige la dissémination des individus était un emploi peu avantageux des forces européennes, et surtout peu sûr en face de masses de cavaliers acharnés. Elle a dû nécessairement rester en retard : je ne comprends pas sous ce nom le jardinage, qui est l'appendice de la demeure de l'homme, comme une dépendance des villes, et qui s'est développé autour d'Alger, dans des limites d'abord très-restreintes.

## Désavantages et difficultés de la culture jusqu'à présent.

En effet, un étranger arrivait : s'il était aisé, il cherchait immédiatement à se loger et à vivre à l'européenne, et les conditions de cette existence manquaient, il réclamait avant tout, et à quelque prix que ce fût, l'ouvrier, qui avait aussi dans sa sphère les mêmes besoins. Un laboureur arrivait-il, il ne trouvait ni maison, ni terre préparée, ni capitaliste soucieux d'entreprises agricoles et d'exposer ses avances à la rapine indigène : l'agriculteur devenait donc infailliblement ouvrier de ville, terrassier ou jardinier sous la protection des remparts.

D'ailleurs les capitaux et la main d'œuvre employés à satisfaire ces besoins impérieux d'installation trouvaient des bénéfices énormes et immédiats bien préférables à ceux d'un avenir agricole, douteux et dangereux, surtout pour des hommes qui, la plupart venus à l'aventure, étaient sans ressources pour le lendemain. Il eût donc été aussi désavantageux que prématuré d'aborder en grand la culture du sol en Algérie : d'où vient que tous ceux qui l'ont tenté n'ont que très-peu ou point réussi.

## État actuel de la culture.

Il a été fait cependant, dans les environs d'Alger, une multitude d'essais aussi méritoires qu'utiles, et quelques cultures notables se développent depuis peu ; on pourrait citer quelques fermes qui ont une valeur de 100,000 à 200,000 francs. Les plantations sont assez nombreuses, surtout en mûriers, et font espérer un grand bénéfice pour l'avenir d'après l'essai d'éducation de vers à soie de cette année qui a eu lieu en grand à la pépinière, et qui a réussi au delà de toute espérance.

Les cultures maraîchères sont admirables et fournissent abondamment Alger de légumes frais de toute espèce et de toute beauté en tout temps. Enfin les jardins de campagne prennent une extension considérable.

## Colonisation des villages.

Ces dernières années on a créé, à force d'encouragements, une quinzaine de village dans le massif d'Alger. On a bien fait d'essayer de vaincre les nombreuses difficultés relatives que présentait le massif, parce qu'il s'agissait de la sécurité et de l'avenir d'une capitale importante; mais il est à remarquer que ceux seulement qui se trouvaient sur une grande voie de communication ont prospéré, à savoir, Elbiar, Dely-Ibrahim et Douera.

La nouvelle route qui s'ouvre vers la Mitidja par Bir-Madreis et Bir-Kadem amène une ère de prospérité pour ces villages, parce qu'aux ressources du sol viennent se joindre celles des salaires et de l'industrie des habitants.

Les trois nouveaux villages créés aux environs de Blidah ont en quelques mois plus prospéré que ceux du Sahel en plusieurs années, parce qu'ils sont dans des conditions bien plus favorables sous deux points principaux, celui d'avoir des terres plus fertiles et déjà cultivées antérieurement, et d'en avoir aussi une partie naturellement arrosée par les eaux de Blidah.

Malgré les avantages des jardins de cette ville, le mouvement qui entraîne tous les bras disponibles à la construction des habitations n'a pas encore permis de cultiver les bois d'oranger que la guerre n'a que trop ravagés ; et on voit à regret le presque abandon de ces jardins des Hespérides de l'Atlas.

Les environs de Philippeville voient poindre deux nouveaux villages et les espérances de culture que donnent de nombreuses concessions.

A Bone, quelques particuliers font des essais de culture, et ont établi plusieurs fermes. Deux Arabes ont imité leur exemple, et emploient des cultivateurs européens; enfin Constantine voit à ses pieds quelques maisons se construire pour l'exploitation de ses jardins.

La grande difficulté de la culture européenne en Algérie est celle-ci : que les céréales ne doivent point en être pour le moment la base comme en Europe; car en ce point les Arabes sont dans de meilleures conditions que nous. Ils ont des terres abondantes au delà de ce qui est nécessaire, ils ont des bestiaux pour les cultiver ; ils ne comptent pour rien leur temps et pour presque rien leurs transports, de telle façon que de longtemps encore ils livreront les céréales à meilleur compte que nous.

Mais il reste aux Européens une infinité de ressources dans la plantation ou la greffe des arbres fruitiers, et notamment de celle du mûrier, de l'olivier et de la vigne, dans la culture du tabac, de la garance, du sésame, de la pomme de terre, de tous les autres légumes, et dans toutes les cultures industrielles. Ce qui est l'essentiel chez les Arabes ne doit être que l'accessoire chez l'Européen. La plantation des bois à elle seule est un grand point d'avenir et de la plus haute portée.

### Construction des villes.

Les travaux de construction dans les villes ont, au contraire de la culture, marché avec une activité incroyable ; partout on bâtit, et cependant le prix du loyer n'a cessé de croître : ce qui est facile à expliquer. A Alger et faubourgs, par exemple, la population s'accroît chaque année, en ce moment, de 10,000 âmes environ : la quantité de constructions ne répondant pas à ce chiffre, il y a disette de logements, les prix s'élèvent, et les constructeurs sont sûrs de trouver 15 à 20 pour 100 de revenu de leurs maisons neuves.

Il en résulte qu'ils mettent un prix exorbitant aux terrains propres à bâtir, d'autant que ces terrains ne se trouvent que dans les parties accessibles du rivage, et notamment au faubourg de Babaroun et à Mustapha, côté du développement futur et infaillible d'Alger, puisque c'est la seule issue plane conduisant dans l'intérieur. La spéculation a encore enchéri sur des prix déjà élevés, de telle sorte qu'Alger rivalise maintenant en spéculations avec les villes les plus populeuses de la vieille Europe. Les transactions s'y font presque toutes en rentes, ce qui permet de se passer de capitaux, et facilite singulièrement les affaires.

### Intérêt des capitaux.

L'intérêt des capitaux est, par les mêmes motifs, excessivement élevé dans la régence. On y place très-difficilement et peu sur les terres et les biens de campagne ; et les intérêts des sommes placées sur constructions dans les villes s'élèvent de 10, taux légal, jusqu'à 30 pour cent selon les divers points de la colonie.

Il ne faut pas trop s'étonner de ces taux excessifs, c'est la grande demande de capitaux par rapport aux offres qu'on en fait, et le peu de confiance générale qu'on a en l'avenir de l'Afrique qui les amènent, et chacun peut s'en prendre un peu à lui-même.

Qu'il suffise de dire que la plupart des sommes empruntées si chèrement s'immobilisent en général à grand avantage pour le pays et à grand profit pour l'emprunteur, et il est à désirer que le taux de l'intérêt se maintienne encore assez longtemps, non pas aussi haut, mais assez pour attirer de nombreux capitaux qui fructifieront bientôt au décuple pour la colonie. Que si ce taux d'intérêt venait à baisser par trop, nul n'apporterait ou n'enverrait des capitaux en Afrique, but désirable, car il profite directement au pays, et il amène chaque jour des gens capables d'en mieux apprécier les ressources. On peut dire que les placements en Afrique, et surtout à l'intérieur, sont déjà une immense preuve de confiance exceptionnelle par rapport à la masse des capitalistes et des propriétaires de France.

Il ne faut pas s'effrayer de ces taux élevés d'intérêts qui paraissent usuraires : il n'y a pas usure dans un prêt tant que l'état des choses permet encore de notables bénéfices à l'emprunteur ; c'est un double résultat de la rareté de l'argent et d'un développement prospère qui exige beaucoup de capitaux et en rend l'emploi très-productif.

### Colonisation des villes.

La colonisation d'Afrique a donc été jusqu'à présent par nécessité urbaine plutôt que rurale, et les populations du littoral de la Méditerranée, attirées par la demande de travail et le prix élevé des salaires, y ont activement concouru.

### Européens étrangers en Algérie.

Les Espagnols dominent dans l'ouest, tandis que les Italiens dominent dans l'est de la régence ; les Mahonnais sont les plus nombreux à Alger.

Les points du littoral méditerranéen qui ont fourni le plus de colons sont la côte d'Espagne de Malaga à Alicante, Mahon, Gênes et Malte ; ce sont de précieux auxiliaires actifs, sobres et travailleurs, ils remplissent justement les états dans lesquels on est le plus exposé aux effets du climat et les plus difficiles aux Français, ceux de laboureurs, de terrassiers, de cantonniers, de charretiers, maçons, etc. ; tandis que la plupart des ouvriers venus de France sont des ouvriers d'art, d'intérieur et d'industrie urbaine.

L'influence de ces étrangers est très-faible sous le rapport social, parce qu'ils n'occupent pas les positions élevées de la société et nullement les positions directrices ; ils subissent l'ascendant de la classe supérieure et des mœurs et des lois toutes françaises. Nuls sous le rapport politique, ils sont très-utiles pour le développement rapide de la colonie, et ne sauraient être trop encouragés, d'autant qu'une partie d'entre eux se fixe et finit par s'établir.

Il y a cependant une juste mesure à garder à leur égard dans la concession des terres, et elle l'a été jusqu'à présent, car les concessionnaires des villages sont presque tous Français.

### Population militaire et population civile.

La population est fractionnée à peu près également par moitié mi-partie militaire et mi-partie civile. Tout ce qui est militaire ne respire que gloire, honneur et expéditions guerrières ; ses principes sont l'autorité, une hiérar-

chie forte, une discipline vigoureuse, une prédominance marquée sur tout
ce qui ne subit pas directement l'ordre et la consigne. Le civil, au contraire,
tient essentiellement à l'indépendance individuelle, à la liberté, à l'égalité,
aux formes légales et protectrices, et se dirige par ses intérêts positifs et
personnels.

L'armée a un rôle à la fois indispensable et honorifique. L'officier est le
vrai gentilhomme d'Afrique, c'est le chef désintéressé de l'armée qui con-
quiert le pays et constitue une nouvelle nation; il est en perpétuel sacrifice
pour la défense et la pacification de la contrée : à lui le beau côté, le côté
noble et de dévouement; il est craint et honoré par les Arabes, que l'habi-
tude du commandement et de la discipline lui a fait apprendre à conduire.
Mais ces mêmes sentiments et habitudes le rendent parfois impérieux et
même méprisant vis-à-vis d'hommes dont l'existence n'a pour base que le
lucre de chaque jour et pour fin que des intérêts individuels.

Ceux-ci, au contraire, ne voient l'avenir de la colonie que dans la résul-
tante des intérêts privés productifs; ils ont conscience de l'utilité de leurs
travaux et apprécient moins les soldats qu'ils voient parfois inoccupés, et
toujours moins activement qu'eux-mêmes, ou du moins à des travaux d'une
utilité plus générale et plus éloignée : soucieux de leurs propres affaires, la
prospérité coloniale leur apparaît plus particulièrement sous le rapport du
bon succès de leurs spéculations; ils atteignent et heurtent l'Arabe plus directement.

De cette divergence d'intérêts et de caractères naît une opposition marquée des deux populations, et une manière différente d'envisager les moyens
de colonisation et la conduite des affaires du pays.

Dans les parties soumises au régime militaire, le colon se plaint d'une prédominance qui est plus souvent irritante par la forme qu'au fond; il est
parfois blessé de voir juger ses différents civils ou commerciaux avec une
ignorance de la légalité dont on ne peut rendre comptable l'officier qui
n'est pas légiste. On cite à Constantine un officier qui, armé d'un ancien
exemplaire du Code, s'est cru autorisé à prononcer le divorce qu'il y voyait
écrit.

## Nécessité de la concentration des pouvoirs aux mains des officiers commandant dans la zone militaire.

Il en résulte parfois une méfiance et une espèce d'aversion entre le militaire et le civil qui s'exhale par des plaintes réciproques. Mais ces faits sont
exceptionnels et temporaires; il faut absolument dans les zones militaires
une vigueur, une rapidité d'exécution et un ensemble que ne comporte pas
le pouvoir civil; on ne peut d'ailleurs pas établir une administration entière
pour quelques douzaines ou quelques centaines de colons, et les officiers
commandant les postes, choisis parmi les plus dignes et les plus capables de
l'armée, sont certainement la classe qui offre le plus de garanties à la sécurité
et aux intérêts généraux des établissements.

D'autres causes puissantes balancent ces dissentiments des deux parties de la population, car les intérêts d'une partie des colons sont les mêmes que ceux de l'armée qui les fait vivre, et à chaque instant le soldat vient à leur secours, non-seulement pour les défendre, mais aussi pour les aider dans leurs travaux de construction et de culture; car toujours les ouvriers civils sont fort chers, mais ils manquent parfois absolument dans les postes avancés. Enfin cet esprit mesquin de scission n'existe nullement dans les positions supérieures ni chez les hommes d'une certaine portée de cœur et d'instruction : les progrès de la colonie et des rapports réciproques mieux réglés le feront certainement disparaître.

Tandis que chez l'officier une sorte d'éducation administrative et presque civile se développe chaque jour dans les bureaux arabes, dans les commandements des postes militaires, dans les missions nombreuses qui se présentent, et par l'exécution de nombreux travaux de tout genre; l'administration civile proprement dite se développe, défend ses intérêts, étend son influence et règle ses rapports sur un pied plus ferme et plus égalitaire.

## Formation des établissements militaires.

Voici d'ordinaire ce qui se passe dans un nouvel établissement : le pouvoir militaire choisit par ses agents supérieurs spéciaux un lieu d'emplacement convenable. On cherche à satisfaire aux conditions de politique générale, de domination à l'égard des tribus environnantes, de voisinage des grands marchés et des grandes communications, de salubrité, de fertilité, d'abondance d'eau ; et, le projet étudié, le génie se met à l'œuvre, les baraques sont dressées pour les soldats travailleurs, et bientôt on voit surgir les deux édifices indispensables, accompagnement et bases de tous nos progrès en Afrique, l'hôpital et la caserne.

Déjà sont élevées comme par enchantement les cantines qui offrent aux soldats un délassement et un oubli trop souvent complet de leurs fatigues et de leur isolement, et aux premiers colons un bénéfice clair et assuré du jour au lendemain. Ces profits leur permettent bientôt de remplacer la cabane en planches par une maison aux murs de pierre, et ils retournent ainsi en partie aux soldats sous forme de salaires.

Quelques marchands universels s'établissent, et bientôt arrive au génie l'ordre de tracer un projet de ville ou de village aux portes du camp. On forme les rues et les places, on dégage les sources ou on détourne les eaux, on parfait l'enceinte et les baraquements, le pavillon des officiers s'élève, et les tentes et les premières baraques en planches disparaissent successivement devant les édifices en pierre. Heureux si on trouve des bois pour les constructions !

## Fermes militaires.

Peu à peu on cultive quelques jardins pour les légumes indispensables, bientôt chaque colon a le sien s'il a quelques ressources, et chaque corps militaire s'établit sur un plus grand espace, et parfois bâtit et cultive une belle ferme.

On est tout étonné de trouver aux environs de Constantine des plantations, des cultures plus soignées, quelques soldats laboureurs, et on apprend avec joie que la ferme appartient à tel ou tel corps d'infanterie, de cavalerie, du génie ou du train.

### Fermes civiles.

Telle est et telle sera la marche de nos établissements en Afrique, parce qu'elle est fondée sur la nature des hommes et des choses. Voici maintenant ce qui se passe aux environs d'Alger ou des villes de la côte : qu'un jardinier mahonnais ou maltais, un agriculteur français arrive, il trouvera des terres défrichées par d'autres ou déjà cultivées par les Arabes, des routes faites, des villages plus ou moins avancés, des maisons ou des baraques élevées ou qu'il lui sera possible de construire à grand'peine ; il aura un marché voisin ; quelques marchands des premières nécessités de la vie : le maréchal, le charron, le médecin ; enfin, dans le voisinage, il a, du plus au moins, les ressources de la civilisation, au moyen desquelles il peut agir individuellement ; mais qu'il aille s'aventurer seul, sans route, sans abri, sans ressources en bois de construction, en pain ou en farine pour vivre ; qu'il aille, au milieu d'Arabes intéressés à le tromper et à le voler, s'exposer au climat, sans ressources pour le vaincre et pour parer à la maladie, c'est impossible ; et c'est de ce point de vue nécessaire que j'aborderai l'idée de colonisation à venir.

### Colonisation.

L'esprit du système toujours exclusif a abordé la question sous deux faces principales, celle de la colonisation restreinte et de la colonisation étendue et générale, celle de la colonisation civile et de la colonisation militaire. Or, toutes sont bonnes en temps et lieux.

D'abord, sous le rapport de la guerre et des Arabes on peut envisager les trois provinces algériennes à part ; car celle d'Oran est plus particulièrement la province guerrière, celle de Constantine est plutôt pacifique, et la province d'Alger est à la fois l'une et l'autre. La colonisation devra donc être plutôt militaire à l'ouest, civile à l'est, et mixte au centre. Bornée dans l'ouest au littoral et à quelques points principaux, tels que Tlemcen et la plaine du Sig, peu distants de la côte, elle doit s'étendre au centre jusque sur les plateaux de Medeah, bien qu'elle y serait prématurée dès aujourd'hui ; enfin, dans l'est elle doit un jour atteindre le pied du grand Atlas ; de telle sorte que la zone de colonisation civile aurait successivement, et avec le temps, une douzaine de lieues en moyenne dans la première, 25 environ dans la seconde, et 50 dans la troisième province.

Comme développement prochain elle doit se borner aux environs immédiats des principales villes de la côte et du voisinage, et n'agir en grand que dans la Mitidjah et la plaine de Bone. Ce dernier point même, bien qu'évidemment le plus avantageux par rapport à la Seybouse qui peut être rendue navigable, à cause de sa fertilité, de la soumission complète et de la douceur des Arabes, paraît ne devoir se développer qu'en second lieu.

Car l'importance (1), la position centrale d'Alger, son influence comme capitale, ont dirigé sur ce point les plus grands efforts du gouvernement. On a voulu, et sans doute avec raison, être fort sur un point principal au centre, et rayonner de là dans toutes les directions.

## Centralisation à Alger.

La centralisation des pouvoirs et des moyens gouvernementaux y amène les hommes les plus actifs, les capitaux, de beaucoup les plus considérables, et les profits principaux; une partie des profits généraux du pays s'y concentre par les rapports de commerce et d'industrie, et par suite des fréquentes relations avec la métropole. On y a fait des dépenses énormes comparativement à celles disséminées sur les autres points.

C'est une politique générale adoptée par le gouvernement et par les Chambres, et qu'il est bon de suivre dans toutes ses conséquences, surtout quant à la colonisation ; cependant celle de la province de Bone ne doit pas être négligée, car elle offre un notable avantage tout d'abord, et par la suite un champ immense, décuple, peut-être, de celui des autres provinces, puisque les plateaux y sont très-considérables et que le Tell s'étend dans cette direction jusqu'à près de 100 lieues dans l'intérieur. D'ailleurs les sacrifices seront là moins coûteux, moins hasardés, et la population s'y répandra d'une manière plus sûre.

## Encouragements à la colonisation civile.

Quant aux encouragements à donner à la colonisation civile, c'est la liberté, la sécurité et la garantie des lois pour les personnes et les propriétés, et elle existe complétement ; car l'autorité militaire même est modérée et paternelle en Algérie : ce sont les concessions sur une grande et sur une petite échelle ; car s'il est intéressant d'attirer une nombreuse population par des concessions restreintes, il y a difficulté à trouver un grand nombre de colons possesseurs de ressources, et il faut laisser un champ libre aux gros capitaux qui sont à même de leur faire des avances et de diriger les exploitations, et surtout les plantations et les irrigations, avec des vues d'avenir plus élevées et mieux entendues, mais qui exigent aussi que la plus-value des propriétés les indemnise un jour de leurs avances.

Il faut des communications nombreuses et faciles, non-seulement de la côte à la métropole, mais des diverses points de a côte entre eux; car les communications actuelles confiées à la marine militaire, qui fait peu de cas

---

(1) Alger a maintenant 50,000 âmes environ.

des intérêts privés, sont rares et difficultueuses pour les colons. Au moindre souffle de vent les villes de difficile abord sont négligées. On cite des colons embarqués pour faire un court trajet qui, en hiver surtout, ont souvent fait de longs voyages, passant et repassant devant les points de leur destination sans pouvoir y aborder ; même, lorsqu'on aborde, les commandants ne permettent pas aux colons de descendre ou les laissent à terre au moindre caprice. C'est un résultat inévitable des fonctions qu'on fait remplir aux officiers de la marine militaire, et qui leur répugnent souverainement ; mais le commerce, et surtout les établissements nouveaux, souffrent beaucoup de ces difficultés.

## Appel à l'Europe pour la colonisation.

Enfin, un grand appel aux émigrants d'Europe qui vont chaque année peupler le Nouveau-Monde, un appel aux nations étrangères surchargées d'une population pauvre, encombrante et dispendieuse, un appel fait surtout aux Français de toute classe et de toute condition, seraient les voies les plus larges, les plus dignes et les plus fructueuses pour la colonisation de l'Algérie.

Il se présente en ce moment une occasion d'introduire d'utiles étrangers dans la colonie ; je veux parler des Maronites du Liban, chassés et dépouillés par les Druses, et réfugiés dans les environs de Beyrouth. De nobles cœurs ont proposé au gouvernement de leur donner un asile et des terres en Algérie. Ce serait un immense bienfait, et doublement bien placé vis-à-vis d'Arabes et de chrétiens.

La population maronite, que j'ai été à même d'apprécier dans le Liban, est sobre, dure, active et guerrière. Ses montagnes offrent le même climat et les mêmes productions principales que l'Algérie : le mûrier, la vigne et l'olivier. Il y aurait donc tous les avantages réunis à favoriser l'établissement des Maronites, et l'un des plus grands serait celui d'une race parlant arabe et parfaitement acclimatée.

Une autre race peut et doit être introduite en grand, afin surtout de peupler le versant méridional du grand Atlas ; je veux parler des nègres que les caravanes de l'intérieur amèneraient en abondance. Il ne s'agit pas ici de protéger le commerce des esclaves, mais de permettre leur délivrance à la charge d'un travail obligatoire temporaire. Qu'on permette ces engagements vis-à-vis des Européens pour quelques années, à la condition par ceux-ci d'établir les nègres sur des fonds de terre à partie desquels ils auront droit comme propriétaires après un travail de plusieurs années ; que surtout on instruise ces nouveaux colons dans la religion chrétienne : ce sera une délivrance, car, bien entendu, la revente de ces hommes ne sera pas permise, et on aura un jour une population très-convenable pour le climat des versants méridionaux, composée d'agriculteurs chrétiens et pouvant balancer l'influence arabe.

Le champ est vaste et attend la semence ; les pauvres gémissent en Europe dans une misère, résultat de la cherté des terres et du bas prix des salaires.

Là-bas les terres sont pour rien, les salaires énormes, puisqu'on peut les évaluer du double au quadruple de ceux des provinces de France, et les capitaux fructifient dans la même proportion. La sécurité est complète sur bien des points, et elle s'étend et se raffermit sur tous les autres. On peut parcourir seul, ou à peu près, toute la province de Constantine et la majeure partie de celle d'Alger et même d'Oran, bien que dans cette dernière la précaution des convois soit plus sage.

Souvent dans la province de l'est le spahis qui me servait de guide négligeait de prendre ses armes et son cheval de bataille, et se contentait de chevaucher près de moi sur sa mule pacifique; et j'ai trouvé partout douceur et bon accueil.

Tant qu'on sera fort en Afrique, l'Arabe a assez éprouvé nos armes pour les connaître et se tenir en repos. Ceci s'applique en général et non à certaines populations guerrières des montagnes dont l'indépendance farouche ronge le frein violent de soumission qu'elle a subi et dont la rage écumera encore pendant longues années dans un esprit de rapine et de révolte.

## Solidarité des tribus.

Les vols furtifs, de bestiaux surtout, sont encore assez communs, et cependant la police des bureaux arabes est telle, qu'on parvient presque toujours à les retrouver et à punir les coupables. Il règne en effet un système de responsabilité qui punit la tribu du vol ou du meurtre commis sur son territoire par de fortes amendes, à moins que le coupable ne soit livré. Le déserteur même est ramené presque infailliblement par les tribus moyennant une prime, et s'il ne reparaît pas, chaque tribu sur le territoire de laquelle il a passé paye l'amende. En cas de meurtre comme en cas de disparition d'homme cette amende est, dans l'est, de 2,000 fr. par chaque tribu qui ne peut en rendre compte ou livrer le coupable.

Ce système de solidarité, qui n'a pu être appliqué sur une échelle générale et complète bien définie que dans la province de Constantine, a de toute éternité pénétré les mœurs arabes. A vrai dire c'est le lien constitutif chez eux de la famille, du douar ou cercle de tentes et de la tribu : c'est le seul principe de sécurité qui régnât autrefois dans la tribu et entre quelques-unes d'entre elles. C'était aussi le principe de ces guerres interminables qui vengeaient le sang d'un individu sur une tribu entière et qui éternisaient les discordes. C'était la consécration des droits territoriaux.

Bien qu'il ne paraisse pas fort juste et conforme à nos mœurs européennes, il est le seul applicable en ce moment, et la garantie de l'exercice de nos droits et de tous nos intérêts. Que faire dans un pays où la rapine, en bien des cas, est l'état normal et le point d'honneur d'une tribu vis-à-vis de l'autre, et où la tendance générale est de mettre l'étranger, et l'infidèle surtout plus que tout autre, hors du droit commun? La solidarité en matières politiques, criminelles et civiles, en fait d'impôt, de levées d'hommes, etc., est le principe général qui règle les choses en Orient.

## Évaluation de la population indigène.

Quel est le rôle que joue la population indigène vis-à-vis de la colonisation, et voyons d'abord ce qu'elle peut être approximativement, car on a varié dans son évaluation de 800,000 à 8,000,000 d'âmes. Si l'on prend pour base de la population d'Algérie celle de la subdivision d'Alger, qui nous est très-approximativement connue, et qui est d'un millier d'âmes par myriamètre carré environ, on trouve 1,540,000 âmes pour tout le Tell. Si on y joint 80,000 âmes pour les villes, on obtient le chiffre de 1,600,000 indigènes environ. Or, la population de la subdivision d'Alger peut être considérée comme moyenne; car si quelques parties sont bien plus peuplées, telles que la grande Kabylie, le cercle de Constantine; d'autres parties, telles que le pied du grand Atlas, le sont beaucoup moins.

Les marchés si fréquentés d'Algérie sont un des indices les plus précis d'après lesquels on puisse faire un dénombrement approximatif et général. Si l'on suppose, d'après des observations positives, un grand marché par chaque 100 lieues carrées, on trouve à peu près 80 grands marchés sur l'étendue du Tell. En supposant 2,000 individus en moyenne sur chacun, et qu'un individu seul sur cinq s'y rende, puis qu'on double le nombre pour avoir celui des deux sexes, on trouve 1,600,000 habitants.

Si l'on suppose que la population soit dix fois moindre que celle de la France sur une même surface, on n'arrive pour le Tell qu'au chiffre de 1,000,000 environ, et cette évaluation ne me paraît pas loin de compte, car si en France la lieue carrée contient en moyenne un village et quelques hameaux, elle peut bien contenir en Algérie plusieurs douars ou 150 habitants environ, ce qui en donnerait 1,080,000; en augmentant ce chiffre pour les villes, et aussi pour les parties évidemment plus peuplées, on arrive à celui de 1,400,000 indigènes.

D'où il me paraît que la population du Tell est approximativement de 15 à 1,600,000 habitants, qui, joints au chiffre de 4 à 500,000 nomades ou habitants de Sahara jusqu'aux limites des grandes Oasis, forment un total de 2,000,000 d'indigènes. Je ne donne ce chiffre que comme probable et résultant de données qui me sont personnelles, et dont la base est positive, mais non certaine.

## Distribution de la population sur le territoire.

Cette évaluation paraît encore exagérée au voyageur d'Europe qui parcourt le sol et suit les routes algériennes; mais d'abord son œil, accoutumé aux maisons, aux champs circonscrits, aux plantations, aux villages et à leurs clochers, ne saisit aucun des objets par lesquels il a coutume d'apprécier le nombre des habitants.

Ensuite la population d'Algérie suit, comme emplacement, la loi inverse de celle qui la fixe et qui la détermine en Europe. Elle fuit les grandes routes, les abords des villes, le voisinage des marchés, et partont évite autant que possible les lieux accessibles.

En effet, tous ces lieux sont les plus sujets à la rapine, au parcours des bestiaux, des caravanes, des tribus entières qui sillonnent le pays en différentes saisons. La sécurité a exigé de tout temps qu'elle se cachât le plus possible pour échapper à des inimitiés incessantes et aux exactions des Turcs. Dans la plaine, elle fuit le plus possible les lieux passagers, et dans les montagnes elle cache ses troupeaux et ses grains dans les anfractuosités les plus reculées, établit ses cultures et ses plantations dans les parties les moins accessibles.

J'ai été tout étonné de trouver plus de populations, de cultures et de plantations dans les gorges escarpées et écartées qui séparent Medeah de Blidah que dans la plaine de la Mitidja bien plus riche et plus aisément cultivable.

Le voyageur européen doit donc être moins surpris qu'on lui représente le pays qui lui a paru désert et vide comme peuplé de 2,000,000 d'habitants; et s'il vient à rencontrer un de ces marchés si fréquents, où 2, 3, 4 et 5,000 indigènes acheteurs et vendeurs se pressent pendant quelques heures seulement de la matinée pour retourner chez eux le soir même, il pourra se rendre compte de sa première erreur; car la majeure partie d'un concours aussi nombreux ne peut provenir habituellement que d'un populeux voisinage.

Ces 2,000,000 d'âmes environ peuvent bien fournir 400,000 individus capables de faire la guerre ; mais des considérations toutes puissantes viennent atténuer ce que ce chiffre pourrait avoir d'effrayant. Le fractionnement des indigènes, qui, surtout en Kabylie, est extrême, l'inimitié des races et des tribus ou confédérations entre elles, la haine acharnée des chefs en rivalité pour le pouvoir, leur vénalité complète et presque générale, l'impossibilité où sont les Arabes de marcher par masses considérables sans ruiner le pays, leur mauvais armement, leur totale inexpérience de la guerre et l'impossibilité où ils sont, faute de ressources, de la faire autrement, atténuent bien les forces du pays.

De cette puissance, qui deviendrait terrible pour la colonie au jour d'une guerre générale européenne, résulte la nécessité de constituer en première ligne vis-à-vis des Arabes une population colonisante vigoureusement organisée pour la guerre. La base de la colonisation avancée doit reposer à la fois sur le sol et sur le sabre, et il s'agit de trouver, comme autrefois à l'époque de la féodalité européenne, un système de défense qui dérive de la possession du sol. Le gouvernement dispose des terres; car il est facile d'en attribuer d'autres plus avancées aux indigènes qui seraient dépossédées, et il faut que ses concessions nourrissent l'armée destinée à les défendre.

### Système de colonisation militaire.

Dans ces conditions militaires, la colonisation me paraît devoir être placée, dans l'avenir, sur une ligne qui s'étendrait à peu près de Tlemcen jusqu'au centre du plateau de Constantine et vers Tébésa, en déviant plus ou moins dans cet immense intervalle selon la configuration du sol et la nature des populations qui la détermine nécessairement. Laissant derrière elle une large étendue à la colonisation civile, elle aurait en avant une zone bien vaste à maintenir et à peupler.

Une concession de 10 hectares serait bien suffisante pour l'entretien d'un fantassin, et une concession de 20 hectares pour celle d'un cavalier; bien entendu que le mode de prestation de service militaire, soit en nature, soit en argent, pourrait varier dans l'avenir selon les temps et la zone plus ou moins avancée des établissements.

Je m'étonne que certains partisans de la colonisation civile soient opposés à ce mode; car il est en lui-même la plus forte garantie de la jouissance de la zone civile, puisqu'il l'enceint, la protége et la défend de toute atteinte de guerre, et assure le point le plus désirable pour les colons, celui d'une entière sécurité.

## Libertés réclamées. — Réunion à la France. — Division en départements.

On a beaucoup parlé en ces derniers temps des libertés qui manquent à l'Afrique, de sa réunion à la France, de sa division en départements français; tout cela est bien prématuré : ce qu'il y a de vrai, c'est la bonne volonté et la sincérité de ceux qui émettent de tels vœux pour l'Afrique; mais leur impatience de l'état actuel montre qu'ils n'ont pas été longtemps à l'œuvre, surtout avec les Arabes.

Comment établir un régime de liberté politique dans un pays où l'armée est plus considérable que la population, où le gouvernement est tout par ses dépenses qui excèdent celles des colons, par la direction de 2,000,000 d'Arabes, par la possession des terres? Mais la liberté politique, ce serait toujours le gouvernement avec une opposition inutile, parce qu'elle serait toujours impuissante et souvent dangereuse.

Comment établir des départements français avec 2,000,000 d'Arabes, 40,000 étrangers, et seulement 40,000 Français? Ce seraient toujours des départements arabes ou à moitié étrangers.

Comment établir des élections dans un pays où il n'y a pas d'impôt direct? Pourquoi parler de réunion à la France? Mais le fait vaut mieux que toute déclaration, et ceux qui en parlent tant font penser qu'ils en doutent.

D'ailleurs, la plus grande garantie qu'ait l'Algérie, celle de sa sécurité, est dans un gouvernement central et fort, qui ait toute liberté d'action locale sous la direction générale du ministère français; je dis toute liberté d'action locale, car la nécessité de recourir aux bureaux de France entraîne des longueurs interminables pour les intérêts particuliers, et décourage une activité coloniale qui veut et a besoin d'agir du jour au lendemain.

Il faut en outre que les gouverneurs des deux provinces extrêmes aient la même liberté d'action chacun dans son gouvernement pour les affaires civiles, comme ils l'ont pour la conduite des affaires militaires : le principe d'action doit partir d'en haut; mais l'action même doit avoir ses coudées franches sur les lieux, selon la direction venue du centre.

Il faut que les services civils soient accrus et leurs rapports mieux définis, celui des travaux coloniaux surtout qui complète et régularise tout ce que le génie a commencé, et qui parfait l'exécution des villes et des villages. Un retard de quelques années ou des travaux incomplets faute d'un personnel suffisant sont irréparables pour l'avenir de tous les centres européens.

La plus grande et la plus forte garantie pour les personnes et les propriétés est dans la force résultant de l'opinion publique et des mœurs générales qui ne permettrait pas une série d'injustices flagrantes; s'il en existe quelques-unes, il faut s'en prendre aux erreurs individuelles et aux faiblesses de l'humanité.

## Libertés municipales.

Ce qui est possible et dans l'ordre des choses, c'est que les libertés municipales aient le pas sur les libertés politiques. Alger (et peut être dans un avenir prochain Oran et Bone) a une population assez forte, des développements et des ressources assez considérables, pour que des citoyens élus sous un certain contrôle puissent veiller mieux que tous autres à leurs progrès, à leurs revenus et à leurs dépenses municipales.

S'il est bon et avantageux que la France fasse des dépenses fructueuses pour l'avenir d'une immense colonie; qu'elle s'impose pour la création des établissements généraux, des villes et des villages de l'intérieur, et pour tous les autres travaux coloniaux; les sacrifices qu'elle ferait pour l'embellissement et les progrès de villes telles qu'Alger seraient tous de munificence.

Que l'on creuse le vaste port de la capitale de la régence, c'est fort bien comme intérêt général et réciproque; mais il faut livrer à elle-même, à ses lumières et à ses ressources, sous le rapport des améliorations, des agrandissements et de l'administration municipale, une ville où les revenus sont immenses, où les loyers et les terrains sont plus chers qu'à Paris. Alger recevra dignement des libertés municipales, mais elle reconnaîtra en même temps ce que coûte cette liberté; elle est certainement assez prospère et assez riche pour cette émancipation et cette expérience.

## Acclimatation.

Je dois revenir sur les effets du climat à l'égard de la colonisation et confirmer mes assertions antérieures quant à la salubrité générale du pays; car on en a conçu en France une fausse idée, d'après les grandes pertes que nous y avons éprouvées pendant quelques années.

En effet, le climat est sain, mais il est chaud et sujet à de grandes variations de température dans les parties élevées. Si des hommes du Nord se transportent au midi, ils ont une acclimatation à subir plus ou moins pénible et fatale, selon les circonstances; et ce sont ces épreuves d'acclimatation, aussi dures que possible dans les premières années, que l'on a prises pour les effets généraux du climat.

Qu'on transporte en Provence des gens du Nord, qu'on les mette à travailler aux ardeurs du soleil d'été, qu'on leur laisse boire en abondance un vin chaud au lieu de bière et de cidre, et on aura inévitablement un plus ou moins grand nombre de malades et de morts; si on les place dans des plaines marécageuses, le nombre des accidents quadruplera.

Or, les circonstances ont été bien plus terribles en Algérie et surtout à Bone, à Bouffarick, à l'Arrach, qui sont entourés de marais encore plus malsains que tous ceux de France. Des soldats à peine arrivés étaient lancés sur ces points, sans vêtements convenables, sans précautions hygiéniques, sans maisons et même sans baraques; dans les expéditions, ils bivaquaient souvent sans tente; ils n'étaient pas alors aussi occupés qu'aujourd'hui, et leur inaction dans des lieux malsains, écartés, entourés d'ennemis insaisissables, enfantait de cruelles nostalgies. Après la privation des courses militaires venait l'inaction, pendant laquelle les boissons chaudes étaient leurs funestes consolations : on continuait à distribuer les rations de vin d'un bataillon entier à 2 ou 300 hommes valides, qui s'en gorgeaient ; et les malades séjournaient sous de mauvaises baraques qui les abritaient peu des effets du climat, cause de leurs maladies.

L'esprit militaire, qui est le ressort du soldat, s'aigrissait de rage de ne pas trouver d'hommes à combattre, et on a vu des bataillons placés dans des lieux bas et humides, ou dans des postes éloignés, perdre la moitié de leur effectif en quelques mois.

Mais, depuis cette époque, on a bâti des hôpitaux, des casernes; on a mieux choisi les emplacements, desséché bien des marais, observé les saisons de travail et de repos dans les lieux dangereux, donné des vêtements et des ceintures de laine aux soldats, l'habit maure aux Zouaves, des lits et des rations de café à tous; enfin, on a appris à traiter les fièvres et les dysenteries; les tentes de campagne ont été modifiées; on évite autant que possible, pour les expéditions, les saisons des chaleurs et des pluies.

Nous avons fait une terrible école d'acclimatation à nos dépens, et on peut en juger par le fait suivant, que la garnison d'Alger, qui perdait par an 1 homme sur 7 en 1830 et peu après, n'en perd actuellement que 1 sur 28, ce qui est la proportion de France.

Dans les lieux nouvellement occupés, où les terres remuées dégagent toujours des gaz méphitiques, et où d'ailleurs les fatigues, les privations, l'isolement, sont plus grands, la perte est toujours un peu plus considérable pendant les premiers temps; la salubrité des hauts plateaux compense cependant ces désavantages, au point que dans la province de Constantine, où les hommes travaillent toute l'année, même par le simoun, la perte n'est absolument que dans les mêmes proportions qu'en France. Les fièvres y sont inconnues; mais les dysenteries, quoique moins fréquentes que dans la province d'Oran, y sont terribles : ce qui tient à l'élévation même du sol et aux variations de température.

Bone était horriblement malsain dans le principe : on a desséché les marais des environs immédiats, car il y en a encore à de courtes distances, et les fièvres ont disparu.

Cependant, les effets de l'acclimatation sur certains individus sont, en général, d'affaiblir et de fatiguer le tempérament, tandis que les poitrines faibles se trouvent mieux et prennent de la force avec le temps. Je ne doute pas qu'Alger ne soit préférable à Nice sous ce rapport comme sous celui du mouvement et de l'activité sociale.

Mais, en général, on est peu sobre en Algérie, et ce défaut ruine bien plus de constitutions que le soleil. L'appétit se ressent de l'activité incessante qui s'y développe: les viandes sont consommées en abondance par toutes les classes de Français, au moins et plus que la chaleur du climat ne devrait le permettre. La soif est incessante pour les liqueurs spiritueuses, et les cantines et les cafés sont toujours pleins : c'est ce qui fait assez justement dire que les colons sont *un peuple de cantiniers*, reproche peu fondé du militaire à l'égard du civil, puisque c'est lui-même qui, en majeure partie, entretient cet état de choses. Un autre abus est à signaler : un funeste esprit de lucre a fait souvent falsifier les vins : il est à désirer qu'on sévisse gravement contre de telles fraudes.

Quelques personnes prétendent que les enfants s'élèvent difficilement en Algérie : il est probable en effet que leurs constitutions frêles sont plus fortement atteintes par des influences nouvelles. S'il s'agit d'enfants nés dans la colonie, l'hygiène la plus convenable pour leur éducation est sans doute encore bien arriérée. Ce qui est certain, c'est que les races méridionales des bords de la Méditerranée sont de beaucoup les plus aptes à enfanter une génération nombreuse et vigoureuse en Algérie.

En résultat, l'acclimatation, de nul effet pour les gens du Midi, Italiens, Espagnols et même Provençaux, est plus ou moins difficile pour les gens du Nord et pour les Allemands surtout ; mais cette difficulté vient particulièrement de leur peu de sobriété et des circonstances plus ou moins dures et hors de leurs habitudes auxquelles ils se trouvent exposés. Nulle dans les villes, elle devient mortelle si on travaille au grand soleil, à la fin de l'été et au commencement de l'automne, dans les lieux marécageux, surtout si l'on n'a pas un excellent abri pour le repos du jour et pour la nuit.

En résumé, l'Algérie est salubre, sauf dans les lieux bas et marécageux, ceux du littoral surtout. L'acclimatation est plus ou moins pénible à l'étranger selon la différence du climat d'où il vient ; mais le pays a cette supériorité sur bien d'autres, que la race blanche et la race noire s'y développent également bien. Enfin l'insobriété est le plus grand obstacle à l'acclimatation, et c'est à ce fait qu'est due la supériorité des ouvriers méridionaux.

Il me paraît hors de doute, d'après ce que je viens de dire, que l'acclimatation est un des points les plus importants, et non encore assez pratiquement observé pour l'occupation de l'Algérie par l'armée et pour la colonisation civile. D'abord les corps spéciaux d'Afrique doivent être augmentés comme effectif, et complétés par les armes spéciales qui leur sont nécessaires. Tous ces corps d'Afrique, sans rien perdre de leur mobilité, peuvent être affectés plus spécialement à telle ou telle province, et stationner dans des lieux fixes, afin de se livrer, dans leurs moments d'inactivité militaire, à la construction des fermes, à l'agriculture en grand, et enfin à des cultures, telles que celles du tabac et de la garance, qui demandent une quantité de bras, et qui sont d'un avantage immense.

Les produits, qui seront considérables, comme les petites expériences tentées en ce genre l'ont déjà démontré, serviront à l'amélioration générale du sort des militaires, et à l'établissement et à la dotation des plus dignes d'entre eux.

Ceci conduit naturellement à l'érection des colonies militaires, qui est un besoin pressant pour la sécurité future de la colonie et pour le bien-être de l'armée. L'esprit militaire se conservera et prendra une direction avantageuse aux intérêts et à l'avenir des soldats attirés vers les nouveaux établissements.

Il est important de recruter les corps d'Afrique, et l'armée en général, plus particulièrement parmi les hommes du Midi, car la vocation guerrière de ceux du Nord, qui sont plus nombreux, tend toujours à les faire dominer en nombre. La Provence, le Languedoc et le Roussillon, la Corse et les montagnes du midi fournissent les hommes de beaucoup les plus convenables pour le recrutement militaire et pour la colonisation. Ensuite en faisant séjourner un homme en Afrique, on obtiendra une acclimatation parfaite avec une bien moindre perte et des maladies plus rares; on aura enfin plus grand nombre de colons; car la différence de climat et de culture des rivages méridionaux de France à la côte et surtout aux terres élevées de l'Algérie, n'est pas bien considérable.

Qu'on n'objecte pas qu'il faut maintenir l'égalité entre les conscrits du Nord et ceux du Sud; car c'est l'inégalité qui existe maintenant, puisqu'en envoyant des hommes du Nord en Afrique on leur fait courir trois fois plus de risques qu'à ceux du Midi. C'est l'égalité qu'il faut rétablir en envoyant les conscrits du Nord au midi de la France et ceux du Midi en Afrique.

Les hommes du Nord doivent être placés de préférence dans la région des hauts plateaux ou sur les pentes élevées et rapides du littoral vers la mer. Ceux du Sud peuvent cultiver les plaines du littoral aussi bien que les Espagnols et les Italiens; mais un choix judicieux des lieux d'habitation, par rapport aux origines des colons, est bien important pour l'avenir et surtout pour la rapidité de nos développements.

La sécurité est assez grande pour attirer des capitaux en Afrique; l'institution d'une banque, avec la direction et le concours de la Banque de France, est une idée à la fois sage, hardie et féconde d'avenir, du meilleur augure pour l'extension du crédit, la régularisation des affaires et la réduction modérée du taux des intérêts. Le nombre et les ressources de nos établissements sont considérables, le manque de bras s'y fait le plus sentir et en arrête l'essor. Il faut donc dévier vers l'Afrique une partie des courants de migrations européennes vers l'Amérique, y convoquer les bras si nombreux qui demandent de l'emploi et qui n'en obtiennent pas par moments; enfin lancer sur cette riche terre africaine une masse de colons civils et militaires.

### Moyens d'activer la colonisation.

Les moyens n'en sont pas difficiles, et les encouragements possibles sont nombreux et de toutes sortes.

Les concessions de terres de toutes grandeurs doivent être rapides, faciles et nombreuses; seulement les conditions à remplir doivent être précises quoique variables selon les positions, et surtout rigoureuses, de telle sorte que la dépossession suive immédiatement la non-exécution des obligations contractées. On doit aussi exiger fermement l'impôt sur les terres non cultivées, et après plusieurs années les faire rentrer au domaine de l'État en échange de concessions plus avancées.

Des avis nombreux et précis, et des notions sur l'Algérie, doivent être répandus partout en France, et en Europe, surtout en Espagne et en Italie, pour indiquer les avantages du pays et les conditions du gouvernement à l'égard de ceux que viendraient s'y établir.

Des communications économiques et plus ou moins régulières, au moyen de subventions, doivent être établies sur la côte d'Algérie et de divers points de la côte avec la France, et avec l'Espagne et l'Italie, notamment d'Oran à Carthagène et à Gibraltar, et de Bone avec Malte et la Sicile.

Il ne faut établir aucune espèce de droits sur les matériaux de construction, ni sur quelques objets de première nécessité; donner quelques primes d'encouragement pour l'introduction des races utiles, et affranchir le commerce de toute entrave.

Il faut en certains lieux de la zone civile encourager les capitaux qui se livrent dans la voie aventureuse et lointaine des établissements agricoles par des primes à distribuer successivement, d'année en année, pour les constructions rurales, le forage des puits et les établissements de norias, les défrichements et les plantations d'arbres fruitiers et forestiers.

La note du général de Lamoricière, en ce sens, est parfaite de vérité et de précision; elle montre qu'en Afrique les hommes ont précédé les capitaux et y ont été plus hardis et plus aventureux. Il faut donc que l'action du gouvernement atteigne et encourage le côté indispensable et tout à fait en retard de la colonisation rurale. Au lieu de dépenser 100,000 fr. pour la création d'un village il n'en dépensera qu'un cinquième en atteignant le même résultat. Il pourra donc, avec les mêmes ressources, agir sur une échelle quintuple, et les dépenses de l'État n'auront lieu qu'ultérieurement aux dépenses principales des colons, ce qui est un immense contrôle et un grand avantage.

Il faut créer des établissements indigènes près des grands marchés, des écoles, des mosquées, des bazars et des *foudouks* ou caravansérails, et des résidences pour les chefs indigènes : le tout, autant que possible, à leurs dépens ou moyennant des avantages de terres et autres. Là, les deux races indigène et européenne se confondraient bientôt, et la première s'initierait doublement aux bienfaits de la civilisation en aidant l'autre à profiter des avantages naturels du sol.

Il faut donner des libertés municipales aux villes qui en sont capables.

Il faut, enfin, et c'est là peut-être le point le plus important, rendre les rouages de l'administration actifs et rapides ; ne pas faire dépendre le sort d'un colon qui arrive du travail d'un employé plus ou moins expéditif ; ne pas faire attendre des années entières et des bureaux de Paris le sort d'une grande concession ; car le premier mot d'un vieil Algérien au nouvel arrivant est que les concessions ne sont point avantageuses, tant les exigences sont grandes, et surtout les retards fâcheux ; et on cite des colons qui ont été dans la suspension et l'incertitude pendant plusieurs années.

Il est indispensable, enfin, qu'une ceinture de colonies militaires enceigne et protége la zone civile ; car elles seules permettront la réduction de l'armée dans un avenir prochain, et assureront le salut de la colonie du côté des Arabes, en cas de guerre générale.

Telles sont les voies d'une vaste et puissante colonisation, la seule possible et digne : elle fondera sur des bases solides un empire français en Afrique, et dédommagera la France des énormes sacrifices qu'elle s'impose.